U1013000

陈 式 太 极 拳

沈家桢　顾留馨　编著

人民体育出版社

图书在版编目（CIP）数据

陈式太极拳 / 沈家桢, 顾留馨编著. -- 北京：人民体育出版社, 1994.11 (2023.4重印)
ISBN 978-7-5009-1102-9

Ⅰ. ①陈… Ⅱ. ①沈… ②顾… Ⅲ. ①陈式太极拳—基本知识 Ⅳ. ①G852.11

中国国家版本馆CIP数据核字(2023)第039251号

*
人民体育出版社出版发行
国铁印务有限公司印刷
新 华 书 店 经 销
*
787×1092 32开本 10.75印张 162千字
1994年11月第1版 2023年4月第21次印刷
印数：156,271—159,270册
*
ISBN 978-7-5009-1102-9
定价：35.00元

社址：北京市东城区体育馆路8号（天坛公园东门）
电话：67151482（发行部） 邮编：100061
传真：67151483 邮购：67118491
网址：www.psphpress.com
（购买本社图书，如遇有缺损页可与邮购部联系）

出版者的话

陈式太极拳是一种古老的优秀拳术，它以独特的练功方法和强身祛病、延年益寿的功效誉满世界。

顾留馨和沈家桢两人合著的《陈式太极拳》是一本内容丰富详尽、颇具权威性的著作，多次再版，曾作为优秀武术图书收入在大型的《中华武术文库》丛书之中，深受武术工作者和习练者喜爱。顾留馨就学于吴鉴泉、徐致一、孙禄堂等，1956 年曾赴越南为胡志明主席教授太极拳。沈家桢就学于杨健侯、杨澄甫，1922 年在东北曾向张学良授拳。他们多年研习武术，对太极拳功法有较深的造诣。本书较为详尽地阐述了陈式太极拳的特点和推手，系统地介绍了近代所流传的一、二路拳套，并把陈式太极拳的经典拳论、拳谱、经谱收入此书，不仅为太极拳传习者提供了指导实践的理论参照，也为太极拳研究者提供了难得的研究素材。

为满足广大读者的需求，我们对本书作了进一步修订，并在装帧上力求精美，希望呈现在您面前的新版本会得到您的喜爱。

人民体育出版社

2003 年 5 月

目　　录

陈式太极拳简介

陈式太极拳创始于明末清初的著名拳师陈王廷。陈王廷是河南温县陈家沟人。从陈王廷起，陈氏世代传习太极拳，不断对原有的拳套进行加工提炼，逐步形成近代所流传的一、二路拳套。这两套拳式的连贯动作，都是经过精心编排的，动作的速度和强度不同，身法、运动量和难度也不相同，但都符合循序渐进和刚柔相济的原则。

第一路拳的动作较简单，柔多刚少，以掤捋挤按四正劲的运用为主，以采挒肘靠四隅手的运用为辅；用力方法以缠丝劲为主，发劲为辅；动作力求柔顺，以化劲为基础，用柔迎刚和化刚，在外形上具有缓、柔、稳的特色。初练时，动作力求徐缓，并着重缠丝劲的锻炼。动作起来以身法领导手法，要求达到动分（离心力）、静合（向心力）不断变化的效果。由于动作速度较慢，拳架分高、中、低，运动量可以调节，因此既适于身体较好的人用来增强体质，也适于体弱和某些慢性病患者疗病保健。

第二路（炮捶）动作较复杂，要求疾速、紧凑，刚多柔少；用劲以采挒肘靠为主，以掤捋挤按为辅；动作力求坚刚、迅速，着重弹性劲的锻炼。套路中有“窜蹦跳跃，腾挪闪战”的动作，具有快、刚、跃的特色。从外形来看，它的快、刚、跃虽与其他拳种似无区别，但在本质上仍具特点：它在运动时不断旋腰转脊，旋腕转膀和旋踝转膝，形成一动全动，贯串整体的一系列螺旋动作，从而可收到开与放、合与收和开中寓合、合中寓开的统一功用。这路拳由于速度快，爆发力强，比较适于青壮年或体力较好的人练习。

通过套路的锻炼，可以逐步揣摸太极拳刚柔相济等技法的内容和要领，即所谓“知己的功夫”。为了运用粘、连、黏、随的方法以求得懂劲，陈式太极拳还创造了对抗性的推手，也就是“知彼功夫”。陈式太极拳的推手强调舍己从人，根据对方的外力来发挥自己的技法。对方动急则急应，对方动缓则缓随。因而走架子和推手要交替练习，才能掌握懂劲的功夫，达到熟练程度。

陈式太极拳是古老的拳种，其他流派的太极拳（如杨式、吴式、武式、孙式），都是在陈式太极拳的基础上发展创新的。陈式太极拳在动作上柔化刚发的技击特点保存较多，学习和研究这派太极拳，对武术的继承和创新有很大的参考价值。

本书介绍的一、二路太极拳，是已故太极拳师陈发科（陈王廷的后代，1887—1957）晚年所定的拳式。

第一章　陈式太极拳的八个特点

太极拳是我们祖先在长期生活实践中创造和逐渐发展起来的一种优秀拳种。经过几百年的反复实践和不断总结经验，人们才逐步认识它的内在联系和运动规律。前人留下的太极拳拳谱，就是这种实践的总结。它给我们研究太极拳提供了宝贵的线索，可以帮助我们更好地学习太极拳。但前人因受时代限制，理论中糟粕也不少，因此我们在实践中应该结合我们新的认识来加以检验，剔除其糟粕，吸取其精华，进一步掌握其正确的理论，使这种拳种能更好地为人民保健事业服务。因此，学太极拳时，一开始就必须紧紧掌握这些太极拳拳谱中的正确理论，并熟悉它的关键所在，融会贯通，然后再从这个基础上向前发展，逐步深入。

太极拳在整个运动过程中自始至终都贯串着“阴阳”和“虚实”，这在太极拳动作上表现为每个拳式都具有“开与合”、“圆与方”、“卷与放”、“虚与实”、“轻与沉”、“柔与刚”和“慢与快”，并在动作中有左右、上下、里外、大小和进退等对立统一的独特形式。这是构成太极拳的基本原则。

太极拳不仅在外形上是独特的，而且在内功上也有其特殊的要求。练太极拳时，首先要用意不用拙力，所以太极拳在内是意气运动，在外则是神气鼓荡运动，也就是说既要练意，又要练气。这种意气运动的特点是太极拳的精华所在，并统领着太极拳的其他各种特点。此外，练太极拳时在全身放长和顺逆缠丝相互变换之下，动作要求表现出能柔能刚，且富弹性。它的动态，要求一动全动，节节贯串，相连不断，一气呵成。它的速度，要求有慢有快，快慢相间。它的力量，要求有柔有刚，刚柔相济。它的立身与动作，要求中正不偏，虚中有实、实中有虚和开中寓合、合中寓开。具备了这些条件，太极拳才能充分发挥它的特殊作用。在体育保健上，不仅能增强运动器官与内脏器官，并能锻炼和增强意识的指挥能力，亦即“用意不用力”的能力，可以顺利地指挥着气活跃于全身。这样就既练了气，也练了意，意气相互增长与强旺，身体自然强壮。同样，在技击上也有其独特的作用：可以以轻制重，以慢制快，克制自然，并掌握自然，动作起来可以一动全动，“周身一家”，达到知己知彼和知机知势① 的懂劲功夫。

陈式太极拳的理论同其它各派太极拳理论有相同之处，也有不同之处。现将陈式太极拳的特点一一分述如下。

---

① 知机是知道时间，掌握时间；知势是知道空间，掌握空间。

第一特点　大脑支配下的意气运动

拳谱规定：

（1）“以心行气，务令沉着，乃能收敛入骨”；

（2）“以气运身，务令顺遂，乃能便利从心”；

（3）“心为令，气为旗”，“气以直养而无害”；

（4）“全身意在神，不在气，在气则滞”。

从上列四项规定可以看出，太极拳是用意练意的拳，也是行气练气的拳。但练拳时，要“以心行气”：心为发令者，气为奉令而行的“传旗”；一举一动均要用意不用力，先意动而后形动，这样才能做到“意到气到”，气到劲到，动作才能沉着，久练之后气才能收敛入骨，达到“行气”最深入的功夫。因此，可以说太极拳是一种意气运动。“以心行气”、“以气运身”和用意不用拙力，是太极拳的第一个特点。

一、内气和用意

正如上述，气受意的指挥，而这气并非一般所说的那种肺呼吸的空气，而是一种“内气”。这种气在祖国医学理论中叫做“元气”、“正气”、经络中通行的气、“先天气”等，认为是从母胎中秉承下来的；在针灸和气功疗法中，至今尚沿用此说。武术家们则把这种气叫做“中气、“内气”、“内劲”等，认为练到有了此气出现并掌握此气，功夫才算“到家”，等等。

总之，自古以来，无论祖国医学理论，或武术界、宗教界都认为有这种气存在，各种实践经验也证明确有这样一种气存在。但近代科学尚未最后查明这种气的实质是什么，研究祖国医学经络学说的国内外学者对此气的说法也不一致，无所适从。例如，有人说此气就是神经，有人说是生物电，有人说是人体内的一种特殊分泌物，有人说是人体内的一种特殊功能系统等等，言人人殊，尚待进一步探索。但是人体的生理现象是整体性的，不能说意动了，而神经、生物电等不动，因此，我们在阐明拳论中所说的气时，暂假定为神经、生物电、血液中的氧等组成的一种综合物，假定为人体尚待查明的一种功能，目的是先继承前辈的理论，以便我们进一步发掘。

练太极拳时，好像在做“意识体操”，要始终着重用意，肢体动作只不过是意的外部表现。这种“意识体操”隐于内的是内气的活动过程，显于外的则是神态和外气的动荡表现，因此内气可以由内发之于外，也可由外敛之入内。

虽然，练太极拳要“以气运身”，但练拳时不可只顾想气在体内如何运行，而要把意注于动作中，否则就会神态呆滞，气不仅不能畅通，而且会造成气势散漫的病象，使意气两者俱蒙其害。所以拳谱上说“意在神，不在气，在气则滞”。正因为如此，练拳时对外部神态的表现要特别重视，因为外部神态也就是内在心意显露于外的表现。内意和外神不可须臾分离，内意稍一松懈，则外神就会散漫。此点在练拳时不可不知。

陈式太极拳主张动作要有柔有刚，有圆有方，有慢有快，有开有合。我们认为这是合乎人体生理规律的。大家知道，人体动，则生物电位升高；人体静，则电位降低。而太极拳动作的刚柔、开合和快慢等，正好促使电位随之升降。电位升高，则血液循环加速，分压降低，氧与血红蛋白也就迅速离解，人就会感到有气。在正常情况下，神经是不能长时间同样地保持兴奋的，因此生物电一般都呈起伏状，而太极拳动作的刚柔、快慢、方圆等滔滔不绝的起伏，也正好合乎这个规律。

从意气来讲，也是合乎上述规律的。上面说过，外部神态和外气的活动是意气显于外的表现，代表着内在的意气。这种神气外显的中心环节，主要是将内在的意识贯注于外部动作之中，并促使在动作中表现出注意力的专一、坚强和活泼无滞。但注意力的强度，与内部神经活动一样，同样具有提高和降低这种动荡性的特点。因此，练拳必须适应这种特点，才能使注意力稳定。同时，也只有稳定了注意力，才不致使思想开小差。但是在练拳当中长时间维持同等强度的注意力，这是不易做到的。实际上，即使在片刻之间，注意力的动荡度也是有高低之分的。因此，在运动过程中，如果采取风平浪静式的无动荡的运动，不但违背上述生理规律，同时也会破坏注意力的稳定性。所以，太极拳为了稳定注意力，采取了一系列规定（例如快慢相间、开合相寓、方圆相生和刚柔相济等），并使它们统一于一个运动之中。

这些规定促使意气运动很自然地产生动荡，并使外部的神气鼓荡和内部的意气动荡得到协调，从而提高内在的意气运动，反过来促进外部的动作。

由于太极拳是意气运动，所以久练太极拳的人，只要思想上想到某一部位，就可以产生气的活动。因此，有不少人不惜岁月地早晚走架子，并时时校正架子，正是为了做到这点。太极拳动作练成定型以后，大脑皮层中兴奋和抑制过程就能准确地按一定程序交替活动；同时，肌肉也能协调地收缩与放松，即或偶然受到突然的刺激，也不会使这种协调的动作受到损害。做到这点，表明肌肉的活动与内脏器官之间已建立了极巩固的协调关系，只要意到气就到，气到劲也到。

二、意气运动的实现

还应该指出，在用意气方面，太极拳和静功（坐功、站功和卧功）是相同的，都着重于练意和练气。但太极拳是在行动中练（动中求静），所以名之为意气运动；而静功则无行动，单独求静，因此两者不能混淆。

正因为太极拳是内外俱练，动中求静，所以要做好内在的意气运动，就必须很好地显出外部的神气鼓荡来。正如《行功心解》中说："形如搏兔之鹰，神似捕鼠之猫"。而要做到这种内外相合和交相锻炼的功夫，则必须做到本章下述七个特点的要求，也就是说只有实现下述七个特点，太极拳是意气运动这个特点才能实现。换言之，特点虽分八个，但实际上同处于一个统一体中，有着内在联系，分开讲只是为了方便而已。

在详述其余七个特点之前，先简要阐明一下这七个特点对贯彻意气运动这个特点的作用。

特点二——弹性运动，就是身肢放长，也可以说因放长而生弹性的结果。绵软的弹性是促进身肢鼓荡的内在因素。如没有弹性，就会使动作僵硬，也就不能再形成外显的神气鼓荡，当然也就不能与内在的意气动荡协调起来。

特点三——螺旋运动，可增强动作的起伏动荡性。若动作直来直去，没有高下、里外的翻转，就不能导致精神、意气与身法的起伏动荡。为此，必须结合顺逆螺旋运动的旋腕转膀、旋踝转腿和旋腰转脊，以做到螺旋连贯如一的太极劲贯注于所有动作中。这样，不动则已，动则自然形成鼓荡之势，成为做好意气运动的动作核心。

特点四——调整虚实，是意气灵换、使人产生圆活如珠感觉之本，也就是鼓荡的动力根源。上随下和下随上地虚实变换，能促使神气与身法活泼无滞，神气鼓荡也由此而生。如果上下不能相随，虚实不会调整，就不能达到内劲的中正无偏。内劲偏，则使内劲与身法倾于一边，失去支撑八面的要求。要想在内劲倾向一边的姿势下，使神气得到鼓荡是不易达到的。

特点五（节节贯串）和特点六（一气呵成），实质上是一个特点的两个阶段：前者是指一个拳式内要求全身主要关节形成一条龙似地贯串起来，使一节一节地依次通过；后者是在练全趟架子时要拳架式式相连不断地一气呵成，以增大运动量，达到节节鼓荡的具体要求。若不能节节贯串，就会产生断劲，劲断则无鼓荡可言。若不能一气呵成，则断而不连，不连则各个拳式形成孤立而不能一气鼓荡。为此，这两个特点做不好，就不能使神气鼓荡做得好，所以它们是息息相关的。

特点七（刚柔相济）和特点八（快慢相间）是两个对立

面矛盾统一的特点，也是为了做到神气鼓荡，在技术上必须具备的特点。没有这种快慢和刚柔交织一体，就不易使前几个特点密切配合，起伏动荡。由于这两个特点要求做到“柔而慢”、“刚而速”，要求刚速起来犹如推进的浪头，柔慢起来犹如退回的浪尾，所以这样相互交织就会形成滔滔不绝的推动作用。这种刚柔相济和快慢相间的作用，在体育上可以做到行气柔慢和动作落点刚快，使气行遍身躯，不致稍有痴呆之态；在技击上能“动急则急应，动缓则缓随”，可以做到人刚我柔的走和人柔我刚的粘。这两个特点可以促使内部的意气运动和外显的神气鼓荡推向动荡的高峰。

由此可知，特点一是统领着其他七个特点的特点，但同时它又必须依赖其他七个特点的帮助才能实现。它们之间的关系，犹如牡丹与绿叶，相辅相成，又相互制约，相互促进。这是初学拳时必须知道的。

为了便于掌握第一个特点，把要领概括为下述几点。

（1）练拳时，意识要贯注在动作上，以意行气，不可只顾默想内气如何运行。

（2）练拳时动作要顺遂、沉 着，劲运到终点时要表现出劲别来，这是使意气得到鼓荡的三个措施。

（3）紧紧掌握外显的神气鼓荡，以便做到不痴不呆，并反过来促进内在的意气运动。

（4）善于运用其它七个特点，以便配合着来提高意气运动。

第二特点　身肢放长的弹性运动

拳谱规定：

(1)“虚领顶劲，气沉丹田”；

(2)“含胸拔背，沉肩坠肘”；

(3)“松腰圆裆，开胯屈膝”；

(4)“神聚气敛，身手放长”。

从上列四项规定中可以看出，虚领顶劲和气沉丹田是身躯放长，含胸拔背是以前胸作支柱把后背放长；沉肩坠肘是手臂放长；松腰圆裆和开胯屈膝，并使腿部得以圆活旋转，是腿部在这种特定的姿势下放长的结果。所以太极拳的步法必须在圆裆松腰和开胯屈膝的姿势下用旋踝转腿来倒换虚实。外表看，是腿的缠丝劲的表现，其实内部促进了腿的放长。这一系列的放长，又促成了全身放长；使身肢不特产生了弹性，形成掤劲，而且因全身放长，促使精神也能自然提起。因此，只要具备了放长的姿势，就不易发生努责鼓劲（拙力）的毛病，为自然的松开和身手放长提供了条件。所以身肢放长的弹性运动，就成了太极拳的第二个特点。

一、身肢放长

上面说过，练太极拳身肢必须放长，以加强全身的弹性；有了弹性，才可以进而成为掤劲。这就是说，掤劲生于弹性，弹性生于身肢的放长。至于身体各部如何放长，现按拳谱分述如下。

（1）**虚领顶劲和气沉丹田**——所谓顶劲虚领，是把顶劲向上虚虚领起，气沉丹田是把气向下沉入丹田；两者综合起来，在意识上就有向着相反方向拉开的意图，这就使身躯有了放长的感觉。

（2）**含胸拔背**——含胸要求胸部既不腆出，也不凹进，使胸成为脊背拔长的支柱，因为力学上的压杆是不允许有弯曲的。脊背就依靠这个支柱加以拔长，这就是脊背的拔长。关于这点，初学时不可误认驼背为拔背，因为背驼就会前胸凹进，这样就会使前胸失去支柱作用，不但使背失去拔长的弹性，同时也有害健康。

（3）**沉肩坠肘**——沉肩的主要作用是将臂部与肩部因下塌而接牢。臂与肩接牢，才能使臂生根。同时，由于坠肘，使肘与肩部之间达到放长。当手臂进行螺旋式缠丝运动时，就是以坠肘作中心的。同时，坠肘和坐腕又可以使肘与腕之间放长。因此，沉肩坠肘和坐腕是整个手臂的放长。

（4）**开胯屈膝的旋转**——这是腿部的放长。腿是站立在地面上的，要想放长就比较困难。因此，对腿部提出了开胯屈膝的要求，要求在这种特定姿势下（圆裆）用螺旋式的运动来变换虚实，这主要表现在膝头的旋转上。这样，当腿部向外旋转时，使外侧处于放长而内侧则为收缩。这种腿的旋转配合着手、臂、身的旋转，成为全身的旋转，逐步上升，就可以达到其根在脚，发于腿，主宰于腰而形于手指的完整一体的劲。

综观上列四项规定，可见太极拳对身躯、手、足都有放长的要求。这样，不但因放长而产生弹性，成为太极拳基本的掤劲，而且可使人们的精神自然提起，不致产生鼓劲而成为拙力的病象①。

二、身肢放长的生理作用

肌肉在受力时，可以有一定程度的伸长，但当引起伸长的外因去掉后，它就立刻恢复原状，这是肌肉本身固有的弹性。一般常见的运动，就是锻炼和提高这种弹性。根据人体生 理学来看，肌肉的这种弹性收缩和放长能起下列四种作用：

（1）可使肌肉本身的收放能力得到良好的锻炼，可使肌肉内密集的微血管网通畅。

（2）可增强组织细胞的新陈代谢，刺激身体内一切生命过程。

（3）可增强肌肉及其它所有组织器官的气体交换作用。

（4）可使身体内得到更多的氧，同时还能提高各组织器官对氧的利用率。

太极拳不是一种单纯的肢体运动，它表现在外部的是神态鼓荡，姿势极其复杂多变，隐于内的则是神聚气敛，“以心行气”，这已在第一特点中详细说明了。此外，太极拳不仅内外俱练，而且还在整个身肢放长情况下进行着绞来绞去的螺旋形顺逆缠丝的运动。这样就不但使肌肉本身的弹性得到良好的锻炼，并且提高了血液循环的速度，因而就能消除因血

---

① 放长是使身手内具有细而长的感觉，而拙力的产生，是由于鼓劲使身手内具有粗而短的感觉。所以身肢放长自不致发生鼓劲而成为拙力的病象。

行受滞而引起的病症。这是太极拳因放长身肢和提起精神所起的重要作用之一。

此外，太极拳弹性运动对于降低血压也有显著的影响，因为在肌肉的收缩放长过程中能产生三磷酸和腺苷酸等有扩张血管作用的产物。同时，在进行节节贯串的活动中，肌肉内开放的微血管的数量增加了许多倍，这样也就扩大了血管沟通的横截面，因此可使血压降低。另外，在练拳时由于肌肉反复放长与恢复，所以血管不易硬化。尤其是在绞来绞去的螺旋运动的配合下，更能防止血管硬化。多年久练太极拳的人在练拳时会觉得背上和四肢内的血管好像扩大了，运动起来使人感到轻松舒适，如果隔些时间不练，就会有一种闭塞的感觉。这种现象的产生，就是由于开放的微血管数目增减所致。

三、八门劲别与弹性的掤劲

太极拳要求用意不用拙力，但不是说用意不用劲，因为太极拳就是由八门劲构成的。八门劲都具有放长的弹性，所以称为“劲”，而不称为“力”。八门劲的名称虽有不同，但实质上只是一个掤劲，其余七个劲只不过因方位与作用不同而另有所称而已。所以太极拳也可以称为掤劲拳。现将八门劲的内容分析如下，以便更好地掌握第二特点。

（1）在全动之下掌心由内向外缠丝，称为掤劲；

（2）在全动之下掌心由外向内缠丝，称为捋劲；

（3）双手同时将掤劲交叉向外掤出，称为挤劲；

（4）掌心向下圈沾着一点而不离开的下掤劲，称为按劲；

(5) 两手交叉向左右、前后双分的掤劲，称为采劲；

(6) 将掤劲卷蓄起来，在短距离内猛然一抖而弹出的劲，称为挒劲；

(7) 手腕出了方圆圈，用二道防线肘的掤劲掤出去，称为肘劲；

(8) 肘出了方圆圈外，用三道防线身躯的掤劲掤出去，称为靠劲。

综合上列所说，归根结底，内中主要练的是掤劲。掤劲是一种绵软不断的“弹簧劲”。这是首先须要弄清楚的问题。

四、弹性运动（掤劲）的掌握

(1) **要练掤劲，首先要摧毁人身上原有的硬僵**——凡是动作，例如拿起一种重物，都要用力，日久天长就使人从幼年时起就养成了鼓劲拿重和举重的习惯。鼓劲就是努责，又叫做拙劲，而太极拳所需要的却是全身放长的弹簧劲。因此，练太极拳应分为两个阶段：首先是消除鼓劲的阶段；然后是生长新的弹簧劲的阶段。旧劲不去，新劲不生，所以拳论说：“运劲如百炼钢，何坚不摧①。”这就是说须经过毫不用拙力的千锤百炼，并在各种不同的放长和松开的姿势下进行绞来绞去的揉动，才能达到极其柔软的地步，才能摧去人身旧有的

① 《行功心解》是一篇指导走架子的理论性文件，不是指导两人推手的准则。

僵劲，也就是说只要运劲如百炼钢，则什么僵劲皆可摧去无遗。这是前辈拳师的经验总结，所以这种化硬为柔是必不可少的阶段，初学时切勿忽视。这个阶段的时间越长越好，因为只有这样，才可以柔软得更透彻。否则，柔软得不透，将来就难免使练习者停留在柔少刚多不易达到平衡的缺点内。

（2）**掤劲不是人身固有的劲**——前面已经说过，在八门劲中掤劲是基本的。掤劲生于弹性，这种弹性劲，不仅是肌肉本身的弹性，而是在肌肉弹性的基础上将骨骼韧带等与肌肉联合放长中锻炼出来的。所以说它不是人身固有的劲，而是必须经过久练才能产生的劲。它的发展是由无到有，由有到强。要练习这种弹性的掤劲，应该按照拳谱的上述四项规定尽量做去。其关键要领，还是先从用意着手，使思想上有放长的意思。这样运用既久，再配以身肢上具体的放长，庶不致发生偏差。

（3）**神聚气敛是加强弹性和提高掤劲的基础**——在身肢放长情况下，使人精神提起而集中，气沉而内敛，这是一种自然产生的现象。反过来，也就是说，只要神聚气敛，就可引导意识上具有放长的神态，促使身肢放长，从而提高弹性和增强掤劲。在神聚气敛的一瞬间，肌肉群就会更加充分地收缩，同时反抗肌群则更加充分的放松，因此久经放松与收缩的锻炼，也就自然地加强了身肢各部分的弹性，同时也提高了身体的素质。

为了便于掌握第二个特点，把要领概括为下述五点。

（1）太极拳主要是练习掤劲，掤劲生于弹性，弹性则生于身肢的放长，因此要注意身肢的放长。

(2) 身躯及上部的放长，必须是虚领顶劲、气沉丹田和含胸拔背。

(3) 手足的放长，必须是沉肩坠肘、松腰圆裆和开胯屈膝的旋转。

(4) 练习掤劲时，先求绵软以去掉旧力（拙力），同时放长以生长弹性的新劲。

(5) 只有神聚气敛地练拳，才是加强掤劲的内在因素。

第三特点　顺逆缠丝的螺旋运动

拳谱规定：

(1) “运劲如抽丝”；

(2) “运劲如缠丝”；

(3) “任君开展与收敛，千万不可离太极”；

(4) “妙手一运一太极，迹象化完归乌有”。

从上列四项规定中可以看出，太极拳运动必须如抽丝的形状。抽丝是旋转着抽出来的，因为直抽于旋转之中，自然就形成一种螺旋的形状，这是曲直对立面的统一。至于缠丝劲或抽丝劲都是指着这个意思。因为在缠的过程中伸缩其四肢同样会产生一种螺旋的形象，所以拳论说，不论开展的大动作或紧凑的小动作，千万不可离开这种对立统一的太极劲。练纯熟之后，这种缠丝圈就越练越小，达到有圈不见圈的境界，到那时就纯以意知了①，所以顺逆缠丝对立统一的螺旋运动就成为太极拳的第三个特点。

一、运劲如缠丝的实质

太极拳必须运劲如缠丝，或者说运劲如抽丝。这两种形象的比方都是说，运劲的形象如螺旋。同时，这种螺旋又必须走弧线，尤如子弹通过枪膛中的来福线后，当它运动于空间时，既有螺旋形的自身旋转，又有抛物线型的运动路线。太极拳的缠丝劲就要具有这种形象。

前面已经说明了运劲必须如缠丝的意义，那么在实际运动中应如何运行呢？说来极平凡而简单，就是在一动全动的要求下，动作时掌心由内往外翻或由外往内翻②，使之形成太极图的形象（如图 1）。同时，由于掌心内外翻转，表现在上肢是旋腕转膀，表现在下肢则是旋踝转腿③，表现在身躯则是旋腰转脊。三者结合起来，形成一条根在脚、主宰于腰而形于手指的空间旋转曲线。这是太极拳必须做到的要求。因此拳谱中特别提出练拳时不论是开展的放开或紧凑的收敛，都不可须臾离开"翻转掌心"和"旋腕转膀"的太极劲，这犹

---

① 杨少候先生在晚年独创的小架子，只见发劲，不见运劲。此乃运劲圈儿小到看不出，仅将发劲显露出来的具体表现，是紧凑不见圈的纯熟功夫。

② 所谓由内往外翻或由外往内翻，皆以食指的翻转为标准。如图 1 中，手从点 1 到点 2，此时食指的运动系由内往外翻，故为顺缠；手从点 2 到点 3，食指的运动则为由外往内翻，故为逆缠。

③ 腿部顺逆缠丝的划分，是以膝盖的旋转方向为标准，即当膝盖由裆内侧往前转外向下斜缠，或由裆外侧往后转内向上斜缠，皆为顺缠。当膝盖由裆外侧往前转内向上斜缠，或由裆内侧往后转外向下斜缠，皆为逆缠。

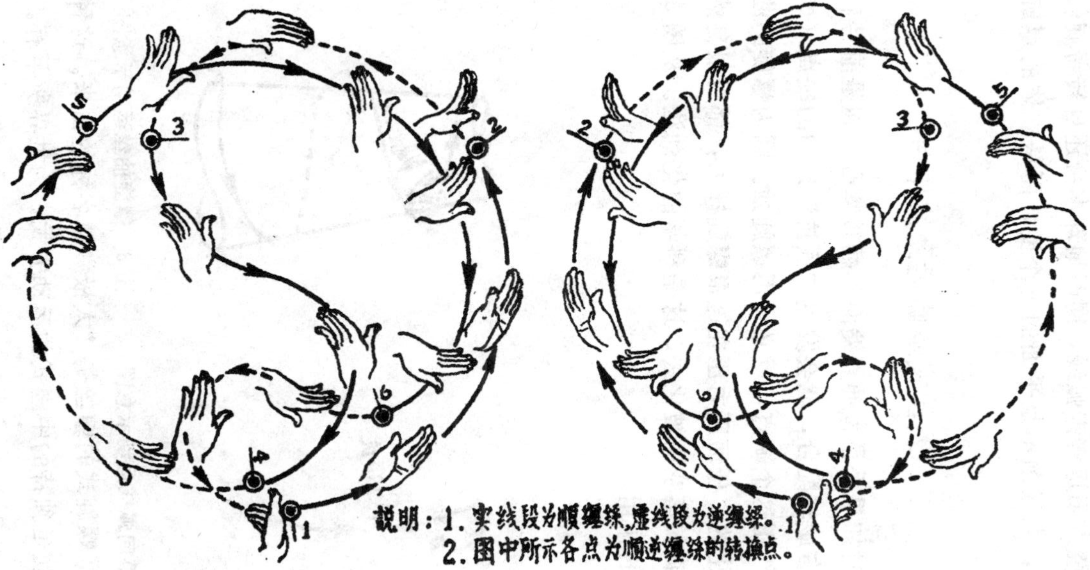

（甲）左手缠丝示意图　　　　（乙）右手缠丝示意图

图 1　顺逆缠丝示意图

如地球环绕太阳运转走弧线，同时地球本身还自转着旋转一样。所以，太极劲不是平面的一个圈，而是立体的螺旋上升。

二、缠丝式螺旋运劲的作用

练拳时如果手是直伸直缩而不翻转掌心，腿是前弓后坐而没有左右旋转配合，就会发生“顶抗”比力的缺点（如图2）。为了纠正这个缺点，就必须用螺旋劲。因为螺旋的曲率半径是变化的；任何压力压在这根螺旋杆上，都可很自然地将压力因旋转落空而被化去。这是科学的化劲法。从图 3 就可看出它的作用。

图 2　单向弧线运动示意图

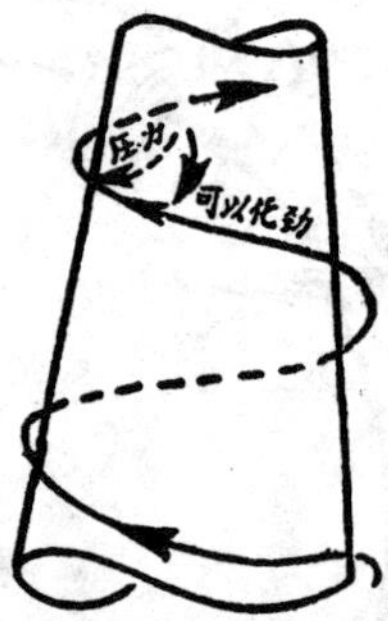

图 3　螺旋抽丝运动示意图

太极拳螺旋式的缠丝是“太极”拳名称的由来。这种螺旋式的运动是独特的中国式的运动方式，为世界所罕有。在体育锻炼方面，它能促使全身节节贯串[①] 地推动，并由此进到内外相合的一动无有不动的境界。这对内脏器官能起一种按摩的作用。同时，使显于外的神气发生鼓荡，因而健强了大脑皮层，从而能进一步增强全身一切组织器官。

其次，在技击方面。缠丝劲的作用也是大的。太极拳技击的核心是“知己知彼”和“知机知势”的懂劲功夫。懂劲可分两个方面：一为自己懂劲，即懂得自己动作的劲，须要从走架子中得来；二为于人懂劲，即懂得别人的劲，须从推手中得来。欲求知人，必先知己，这是认识事物的过程。欲使走架子的“知己”达到高度纯熟境界，则必须练成周身一家的功夫。周身一家的功夫是由内外相合和节节贯串中练成的，而这两者都产生于螺旋式的缠丝动作。因此在技击方面，缠丝劲也是极其重要的。

三、缠丝劲的种类及其要点

太极拳缠丝劲按其性能可以分为两种基本的缠丝：一种是掌心由内往外翻的顺缠丝，顺缠丝内绝大多数是掤劲（如图 1 中的实线段）；另一种是掌心由外往内翻的逆缠丝，逆缠丝内绝大多数是攦劲（如图 1 中的虚线段）。这两类缠丝存在于太极拳运动的一切过程中，并贯串始终。因此，在一切动作中亦皆包含着掤攦二劲的相互变化；它们是运动中的基本矛盾，同时又相互转化于一元之中。在这两个基本缠丝之下，因方位不同和变换各异，又分出五对不同的方位缠丝（如图

---

① 节节贯串是太极拳的第五特点。

4）。左右和上下的方位缠丝合成为一个整圈，同时结合里外，使平面圈变成立体圈，这正是太极式螺旋运动所必具的特色。其次，为了在练拳时有左右逢源、连随于人和节节贯串如周

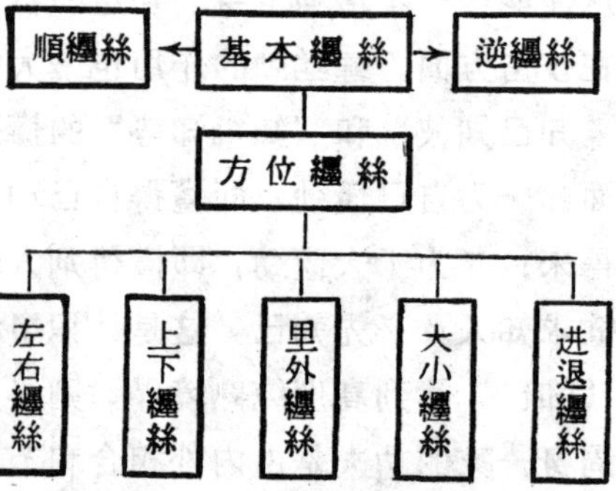

图 4　十二缠丝劲别示意图

身一家起见，又有大小、进退两对方位缠丝的配合，以满足健身和技击上的特殊需要。因此，太极拳每一个拳式，在顺逆基本缠丝的基础上，至少要有三对方位缠丝结合一起进行运动。只要掌握了这个规律，就可使动作在划弧线进行运动时有了一定的依据，不论是学习或纠正拳式，也就容易多了。在练拳时如果感到某一动作有不得势和不得劲处，就可依据缠丝的不顺遂处挪动一下腰腿，以求得顺遂，就可使姿势得到纠正。所以掌握了缠丝，就是掌握了自我纠正的工具。现举例来说明它的作用。

（1）“云手”——这一拳式，在十三势内是唯一包含双顺转双逆左右大缠丝的拳式。在运动时，两手的基本缠丝是掌心由内往外的顺缠丝，转由外往内的逆缠丝，它的方位缠丝是左右、上下和微向里外。左右、上下是一个平面圈，若再

使划圈微向里外，就可成为一条空间曲线的立体圈，可以达到气贴脊背的功用。

（2）“白鹤亮翅”——它的基本缠丝是一顺一逆，是架子内比较多的一种缠丝，它的方位缠丝是左右、上下和里外。因为一顺一逆，在左手是向里、向下的逆缠丝，在右手是向外、向上的顺缠丝，两者合起来，在两膊相系① 的要求下成为右上、左下的一个“右顺左逆分掤圈”。

上述例子说明，太极拳各个拳式虽花样繁多，转换各别，但从它基本缠丝来分析，就极其简单了。所有的拳式概不外乎“双顺缠丝”、“双逆缠丝”及“一顺一逆缠丝”等三种组合。若按此法经常分析和捉摸自己常走的架子，并列成表，就可成为自己练习的依据。有了这种依据，则可分清劲别，做到内外相合和节节贯串，在提高弹性的基础上达到正确姿势的要求。

四、螺旋运劲的掌握

特点三是拳名太极的由来，其作用已如上述。所以前人为了使后学者做好运劲如缠丝，在《太极拳论》中作了专论，这是一篇运劲的实践总结。其中，第一部分论述了缠丝劲。要掌握特点三，就只要按照这部分比照着去练，并作为平时检查自己走架子的依据，就可得到正确的姿势和动作。现把这部分概括讲解如下。

---

① 两膊相系就是在运动时，两只臂膀好像有一根绳子相互系住一样，当一臂动时，另一臂亦能在使绳子基本上维持绷紧的条件下，跟着运动，也就是说，要使两臂内始终含有掤开的掤劲。

（1）**由精神实质上掌握特点三。**

（甲）“一举一动，周身俱要轻灵”——精神若能提起，就可无迟重的顾虑，这是求轻的方法；意气若能灵换，则意气就不致呆滞在某一点上，这是求灵的方法。掌握缠丝劲的第一点，就是在运劲的过程中，周身必须要轻要灵，这样才能为做好缠丝动作提供有利条件。

（乙）“动作须节节贯串”——在运劲如缠丝之中，要轻灵，尤须贯串，这也是运劲中的一个重要环节，学习时不可忽视。其详细内容，可参见本章第五特点。

（丙）“神宜鼓荡，气宜内敛”[①] ——如果心意不能贯彻于动作之中而别有所思，表现了意痴神呆，则神就不易鼓荡，同时气亦不能内敛以从心，结果造成气势散漫，劲无含蓄，身法散乱。因此，首先须将心意贯彻于滔滔不绝和起伏不已的动作之中，则神自鼓荡。其次，须使肺呼吸配合运动。由于神的鼓荡，气自收敛而不致散漫；气不散漫，就可由神带头而同时动荡起来。

综观上列三项要求，可以说“运劲轻灵与贯串，神气鼓荡与内敛”乃是掌握缠丝劲时所必须掌握的精神实质。

（2）**由劲别上掌握特点三。**

（甲）“毋使有缺陷处”——运用缠丝劲时，不论是顺或逆，务使八门劲运到螺旋的弓背上，也就是螺旋的接触面上切不可有时在弓背，有时又陷在弓里面，这是缠丝最易碰到

---

① 神与气可鼓荡，亦可内敛。所以拳论说：“欲要神气鼓荡，先要提起精神，神不外散”。

的缺点。若一经陷在里面，不但削弱了掤劲，同时也会失去缠丝中的摩擦特性。因此，若一有缺陷，劲就不能达到螺旋的接触面上，也就失去缠丝劲的牵动作用。（如图 5）

（乙）“毋使有凹凸处”——缠丝劲的运用线路，在所有过程中都要做到曲线缓和，形成顺遂的姿势，同时，又要求绵软而富于弹性，这是消灭凹凸的一种方法。即使在发劲时，亦要如软皮鞭一样的甩出去。这样，由于身手放长，身肢又象打了气的轮胎，与物接触就具有随高逐低的粘走作用。若运劲一有凹凸，就产生棱角，发生顶抗的毛病，从而使运劲失去螺旋转动的作用。（如图 6）

图 5　缠丝缺陷示意图

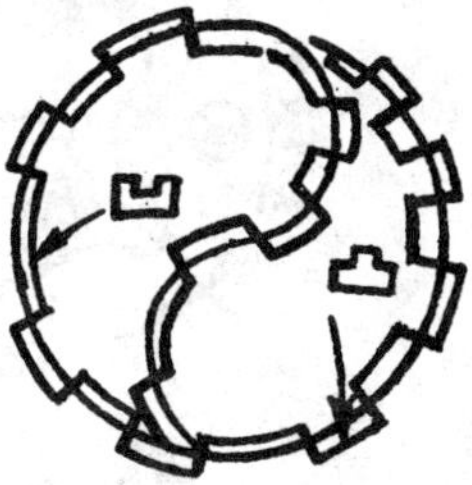

图 6　抽丝凹凸示意图

（丙）“毋使有断续处”——缠丝的一切过程，无论是顺缠或是逆缠，务须一缠到底。所谓“底”，乃是到达了这一拳式表现劲别的落点处，也就是接做下一式的转关处。到了此处，由折迭转换[①] 接做下一缠丝，将劲接到下一拳式中。劲既不断，也就无须续。如缠至半途将劲断了，然后又将它接续上去，这是要不得的。因为缠丝有了断续，就是一个空隙，

① 折迭的意义可详见第六特点。

这一空隙不但失去应有的牵动作用，且为对方造成得机的机势。因此，在运劲缠丝上说是不允许的。（如图 7）其次，即使在发劲时，虽然可以有断续，但仍须有“劲断意不断，意断神可接”的要求，即所谓断而复连。

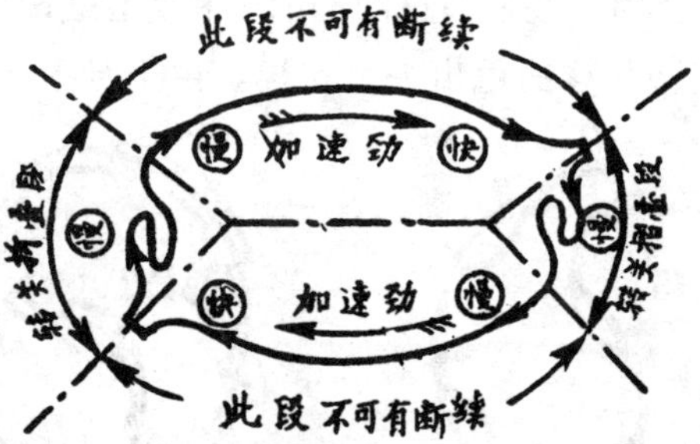

图 7　缠丝不可有断续示意图

综观上列三项，说明在缠丝过程中，也就是在运劲过程中，万不可发生缺陷、凹凸或断续的缺点。在三个缺点中即使犯了一个，就不能再发挥缠丝劲应有的作用。这是学习时不可忽视的问题。

为了便于掌握，现把要领概括如下。

（1）缠丝劲为太极拳命名的由来，没有缠丝劲就不能使劲环绕着身肢节节上升，达到完整一气。

（2）须知“贯串”的要求，不仅是运劲须通过关节部分，而且还须使它通过整个关节上下的肌肉部分，这是螺旋缠丝的作用。

（3）太极拳有一对基本缠丝和五对方位缠丝是教和学太极拳的最好的工具。

（4）运劲如缠丝，只有在轻灵贯串条件下才能实现；同时，神气方面必须鼓荡和内敛。

（5）缠丝劲的运用不可产生缺陷、凹凸和断续等三个缺点。

第四特点　立身中正、上下相随的虚实运动

拳谱规定：

（1）“意气须换得灵，乃有圆活之趣，所谓变转虚实须留意也。”

（2）“虚实宜分清楚，一处有一处虚实，处处总有此一虚一实”。

（3）“立身须中正安舒，支撑八面”；“上下相随人难侵”。

（4）“尾闾正中神贯顶”，“上下一条线”。

上列四项规定可以说明，太极拳的所有动作都必须分清虚实。动作能分清虚实地转换，就可耐久不疲，这是最经济的一种动力活动。因此，练太极拳时双手要有虚实，双足也要有虚实，尤其重要的是左手和左足、右手和右足要上下相随地分清虚实，也就是说，左手实则左足应虚，右手虚则右足应实。这是调节内劲使之保持中正的中心环节。此外，形成落点的虚中要有实，实中要有虚，从而处处总有此一虚一实，使内劲处处达到中正不偏。初学时，动作可以大虚大实，以后逐步练成小虚小实，最后达到内有虚实而外面不见有虚实的境界，这是调整虚实的最深功夫。

虚实灵换的核心，在于意气的灵换，同时要在“中土不离位”[①]及内劲中正情况下来完成。为此，练拳时必须“尾间正中”，“安舒支撑八面”，“虚领顶劲”，“上下一条线”地随时调整虚实。所以立身中正，上下相随地调整虚实就成为太极拳的第四个特点。

一、虚实比例

根据太极拳理论，在一切动作内都必须分清虚实，所以练拳时要注意使动作处处 有此一虚一实。为了做好虚实的调整，首先必须认清虚实的正确涵义。所谓虚，不是全无力量；所谓实，亦非全部占煞。以双脚来说，虚不是在这一只脚上全无荷重，实亦非全部荷重都放在这一只脚上（提腿、独立和解脱擒拿等拳式例外），而不过是使虚比实的荷重轻些。这一虚实名词的产生，在力学上来说，是由于人体总荷重的重心常有偏移。当重心偏移到右边时，则成为右足实而左足虚，偏左时，则又成为左足实而右足虚。（如图 8）上面说过，太极拳动力本身就产生于重心偏差的倒换中，如果没有偏差，就是说重心正摆在中心线上，那就会形成双重[②]，失去动力而形成滞重的毛病。此时如果将双手虚虚掤起，就可成为双沉[③]的

---

① 中土不离位，指人体重心不离开两腿间距离的中间三分之一的意思，详见图 9。

② 双重是双足不分虚实，成为双实；双手也不分虚实，亦成为双实。因此成为双重，以致等于填实滞住，变换不灵，所以为病。

③ 双沉是双足虽未分虚实，或是微末虚实，成为双实，但是双手却是全虚，或是微末虚实。这样就成了腾虚，如十字手，为上下相随的双实双虚，是为双沉。此时两手两足虽然为双虚和双实，但内中仍有主宾之分，所以不为病。

功手，可使运动重新获得转换的动力。

虚实不是固定的，它随着拳式变化而变换。在开始学拳时，宜采取大虚大实的姿势，如二八之比（二八之比是指两脚负重的分配比例，如以全身重一百斤为例，则一脚负担二十斤，另一脚负担八十斤）。随着功夫的熟练，就要转为小虚小实的姿势，如两脚的负重分配比例为四六等。经过这种紧凑功夫以后，由于动度变小，即可使虚实变换得更加灵活。变换灵活的内在根由，在于意气转换的灵活，因而可以做到不滞住于某一面，不专注于某一点：例如某式应注意左手，则能毫不费力地立即转到左手上①。这样就可使人在练拳时有左右逢源的感觉，产生圆活如珠滚在盘上的趣味。从姿势上说，在任何变换下，皆不能使“中土离位”；不离位才能前后左右变换而不受阻。若身体偏于一边来进行变换，就须经过调整才能灵换过来。这是一个失势的空隙，并且因为多了一道手续，使行动转慢，坐失良机。这用太极拳术语来说，称为失机。失机、失势是太极拳的大病，所以变换虚实只有在中正立身的情况下，才可以达到灵活转换

图8　重心偏移示意图

（e——重心偏移）

---

① 这是指人的习惯多用右手，但有时应注意左手时，仍旧注意到右手上。

的要求，这是必须掌握的重要关键之一。

二、三种基本虚实

(1) **脚的虚实**——脚的虚实划分，就是一只脚负担重些，另一只脚负担轻些。按照力学原理，身体重量的重心若位于两腿间距离的中间三分之一的地方，就可使两脚均有着落，称为半轻半重①(如图 9)。如果重心位置超出了中间三分之一的范围，则那只虚脚就会因过虚而产生浮摆的现象，成了偏轻偏重② 的病象。(如图 10)

图 9　半轻半重

图 10　偏轻偏重

---

① 半者就是人身重量的重心在两腿间距离的中间三分之一以内，这时两脚均有下踏劲在地面上，只不过轻重不同而已，所以称为半有着落，或称半轻半重，这是正确的姿势。

② 偏者指重心位置已经超出了中间三分之一的范围，使一脚特别重，而另一脚则浮摆在地上，形成偏重于一边，因此另一边当然是偏轻，这就是偏无着落，或称偏轻偏重，是一种病。

另外，在运劲或发劲时，动作要做到曲蓄有余。即使在发劲后，四肢亦仍不应十分伸直。因为一经伸直，在变换虚实时，就要先将直变弯，然后才能倒换伸缩。而如果是手足处于曲蓄有余的姿势下，则触之就可旋转自如，不必分心于倒换之中，这是使动作能自动化的基础。

总之，太极拳对于双脚的虚实要求，无论在何时何地，都须有此一虚一实的倒换，尤须逐步收小比例，使虚实的转变加快。如果双脚虚实换得不快，就不能适应手的变化，使上下不能相随，就要分成两歧，破坏了动作要周身一家的要求。

（2）**手的虚实**——凡是劲运到手上掤时，此手为虚，运到手下沉时，则此手为实。太极拳两手的动作，和两腿动作一样，也要划分虚实，即或双手双按时，如六封四闭这一拳式，亦是按四六比例来划分的。不过手的虚实比例比腿稍有不同：功夫精进后，它的比例除个别拳式外，都在三七至四六之间，比例是大的。这是为了做到沉着松静，专主一方，使以一方为主，另一方为宾而规定的。尤其重要的是，不但肢体要换得灵，而且意气更要换得灵，使意气不滞于一手，特别是右手。

（3）**手与足的虚实**——划分虚实最费功夫的，要算是一手一足上下的虚实划分。而保健和技击上最有作用的，也是这种手与足上下的虚实划分。这是使步法做到连随的核心。其要求和做法是：如右手下沉为实，则右足必虚；等到右手转到上掤为虚时，则右足就随上面的手转为实；这样做，称为“上下相随的分虚实”。所以在太极拳《打手歌》内说：“掤攌挤按须认真，上下相随人难侵”，其重要性可想而知。因此，练拳时要充分检查每一个动作是否达到了这种上下相随的要求。以练一趟架子来说，内中姿势是多种多样的，变换姿势又是那样地频繁，要做到上下相随，当然得费一番功夫，才能掌握得熟练。这种变换，除了迈步时手随足来变换虚实外，大多数皆是足随手来变换虚实。总之，能做到一手一足的上下虚实，则重心位置可不出两腿间距离的中间三分之一的范围，使左右腿均有着落，故内劲可得到中正；内劲中正了，才能支撑八面。这种虚实归纳到地面上的足部落点来说，是虚中有实和实中有虚。只有具备了这种上下相随的虚实，步法才能轻灵不滞，进退自如，才可以连随于人而不致发生丢顶的病象。同时，在熟练后推手时，只要注意与对方接触的一只手，则其他一手、两足均可由此养成上下相随的习惯，而不必再予分心，能得到自动配合的效果，也是动中求静而得静的关键。

三、虚实的掌握

上面说过，太极拳是以分清虚实和由重心偏移而产生的偏心力矩作为动力源泉的，这是最省力的机械作用，可使人历久不疲。练拳时只要挪动一下重心，就可以动作起来。这种虚实锻炼的程序，首先是双足的虚实，其次是双手的虚实，最后，也是最主要的，是一手一足上下的虚实。

太极拳在练一趟架子时，双手为了能够弧行圈走，须忽虚忽实地不断变换，从而促使双足必须随着手的虚实而调整虚实。同样，双足在进退时都是虚迈而出，迈到其点再落实而变为实的。这是太极拳一般的迈步要求，因此手就要随着足的虚实而变换虚实。这些都属于上随下和下随上的上下相随的要求，练太极拳必须遵循这个要求，并养成这种习惯。久习久练，一旦练成习惯，则人来时自然能产生自动的“连”，人走时又可自然地产生自动的“随”，再也用不着多费心意来指挥动作了。

四、轻重浮沉与虚实

划分虚实，粗看起来，并不是一件复杂的事，但实际上是一个非常细致和多式多样的学习过程。因此，为了更好地学习虚实，就必须进一步了解轻重浮沉四者与虚实的关系。拳论说：“若不穷研轻重浮沉之手，有掘井徒劳不及泉之叹”，这说明了其重要性。

为了细致地掌握这种虚实，应该在各个拳式中细心捉摸，找出缺点一一加以纠正。这时有六个关键必须掌握，掌握了这六个关键，就基本上可以做到功手，而不是病手。

（1）**要“半”，不要“偏”**——所谓“半”，是指人身重心的偏心距未超出两腿间距离的中间三分之一的范围而言的，这是一种位于方圆圈内的偏心，是正确划分虚实的标准。所谓“偏”，则指人身重心的偏心距已超出上述范围，致使偏心出了方圆圈，是虚实分得太过的缘故。所以“半”就是有着落，不为病，而“偏”则已无着落，是病。因此分虚实时要“半”，不要“偏”。（如图 11）

（2）**要“沉”，不要“重”**——所谓“重”，是指过于填实而产生滞的现象。所谓“沉”，是指虽为下沉，但仍能“自尔腾虚”，也就是说，沉是在上下相随之中产生的：如足下沉

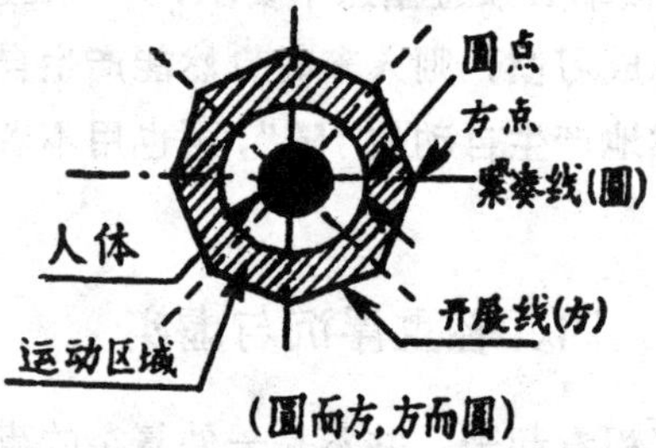

图 11　方圆示意图

为实，而手上掤为虚，就可使实中有虚，因此“沉”不为病，而“重”为病（但半轻半重除外)。所以分虚实时，要“沉”，不要“重”。

（3）**要“轻”，不要“浮”**——“轻”是在方圆之内使动作表现出轻灵而有着落，而“浮”是出了方圆，使足跟浮起缥渺无着落，也就是虚得太过，因此浮是一种病象。所以，分虚实时，要“轻”，不要“浮”。

（4）**三个无病的虚实**——练拳时应该学习并做到“双轻[①]”、“双沉”和“半轻半重”三个无病的虚实。在这三个虚实中，又以“双轻”、“双沉”功夫比较细致难做，做不好，就有流入“双浮[②]”（手虚足也虚）和“双重”（手实足也实）的

---

① 在心意虚灵不昧和清明在躬的行气之下虚领顶劲，上则两膊相系，下则两腿相随，虚实仅有微末之分，但却能自然轻灵地转换，是为双轻，所以不为病。

② 双浮是双手虚，双足由于过分大虚大实，致使在运动过程中不但那只虚足浮起，连那只过实的足在变换时也被牵动得站立不稳而浮起，以致全身缥渺无着落，成为双浮，所以为病。

可能，这是要充分加以注意的。特别是“双轻”、“双沉”的功手和“双浮”、“双重”的病手，在手足转移中仅有毫厘之差，因此更应防止这种差之分毫、谬之千里的可能发生。

表1　虚实划分中的病手和功手

编号	病手名称	病　象	编号	功手名称	功　能	附　　记
1	双　　重	病在填实	1	双　　轻	自然轻灵	本表按照拳论《太极轻重浮沉解》分析所得。全部虚实划分共有十二项，其中功手只有三项，而病手却有九项，占四分之三。因此，练习时稍有不慎，就易出病手，应加注意。
2	双　　浮	病在缥渺	2	双　　沉	自尔腾虚	
3	偏轻偏重	偏无着落	3	半轻半重	半有着落	
4	半浮半沉	失之不及				
5	偏浮偏沉	失之太过				
6	半重偏重	滞而不正				
7	半轻偏轻	灵而不圆				
8	半沉偏沉	虚而不正				
9	半浮偏浮	茫而不圆				

（5）**隅手是补救偏重、偏浮[1]的重要措施**——在个人单独练习时，是可以做到变换虚实而不出隅的要求的，也就是不致出方圆而发生偏重、偏浮的虚实。但是，与人推手时，已关系到两方面的事情，决不能凭主观愿望片面地想不出隅就可以不出隅。如果对方采用采、挒的隅手来硬拿、硬击，则自己有时也难免要出隅。因此，就不得不用隅手来补救这种出隅的虚实，使之重新回复到方圆内来，达到半轻半重的虚实。例如，右手出隅、左手出击；人迎左手，则右手又可回

① 所谓偏重偏浮，乃是由于同一边的手和足上下皆虚，或上下皆实，使劲偏于一边所形成。因此上下相随的分虚实，正是为了不致发生偏重偏浮而提出的。

归到方圆四正之内。这是补救自己虚实出隅的手法。（如图12）

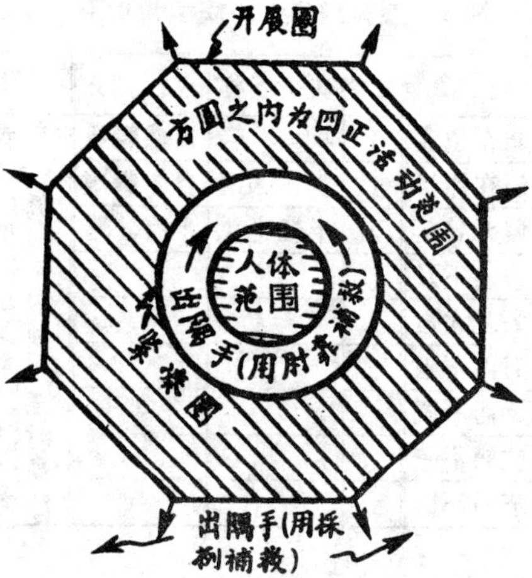

图 12　四正四隅运动范围示意图

（6）**要做好虚实，不要忘却隅手**——例如在推手时，如果对方是一个大开大展的俯仰倾斜者，常想用出隅的手法来制人，那么这时如果不敢采用或不习惯于采用隅手来对待他的隅手，而还是想用四正来对待他的四隅，与之沾粘划圈地推动不已，则这样的动作就违背了隅手对隅手的规定，会使自己不自觉地产生偏重、偏浮的虚实，可以说这是惯于使用四正的一种缺点。所以，拳论说："采挒肘靠更出奇，行之不用费心机"，这恰好地说明了隅手的重要性。若忘却隅手的掌握，就会使虚实的偏重、偏浮得不到纠正，并且还会促致自己进一步出隅。这是惯于四正忘却四隅，成为"一条腿"所产生的缺点。

为了便于掌握第四个特点，将其要点概括如下。

（1）分清主要的三个虚实，即脚的虚实、手的虚实和一手一足的虚实。

(2)注意调整左手左足和右手右足——手与脚的虚实，这是“上下相随人难侵”的主要关键。

（3）要根据轻重浮沉的原则，经常检查自己划分虚实中的缺点。

(4)要做到双轻、双沉和半轻半重这三个无病的虚实，这要刻刻留心，久久锻炼才能养成。

（5）推手时不要忘却“隅手对待隅手”的原则。四正手与四隅手要相互转换，两者俱练。

第五特点　腰脊带头、内外相合的节节贯串运动

拳谱规定：

（1）“腰脊为第一主宰，一动无有不动”；

（2）“周身节节贯串，毋使丝毫间断”；

（3）“欲要周身一家，先要周身无有缺陷”；

（4）“行气如九曲珠，无微不到”。

从以上四项规定中可以看出，为了达到一动全动，必须以腰脊为中心，因为腰是左右平行转动的中轴，脊是上下弯曲的根基。太极拳动作既要一动全动，那么在运动线路上就不能单纯地左右平旋，也不能专在上下、前后做弯曲动作，而

必须将腰脊联合起来，使运动的路线形成一条既是左右，又是上下、前后的空间曲线，以建立一动全动的基础。这就是说，只有通过腰脊为中心，才可以使周身九个主要的运动关节① 依次贯串起来。此外，还要做到周身无缺陷，贯串如九曲圆珠，这样功夫才可以进展到周身一家的地步。所以腰脊带头，内外相合的节节贯串运动，就成为太极拳的第五个特点。

一、节节贯串的实质

为了明确节节贯串的实质，试举下半身为例加以说明。当劲起于脚跟，通过踝关节，环绕着小腿上升到膝关节，再由膝关节旋转上升，环绕大腿到胯关节，能够做到没有丝毫间断，是谓下半身的节节贯串。这说明所谓贯串，不仅在关节上动，而且应使整个腿环绕上升而动。若不经过大小腿而单由踝、膝、胯等关节动，则属于由一节飞跃到另一节的动，这是一种“零断劲”。因此，只有经过大小腿而上升的劲，才是真正的“贯串劲”②。

明确了贯串劲，就可以找到着力之点。若使腿前弓后塌而没有左右旋转，则无论怎样也不可能将关节与肌肉贯串起来，这时就只能表现出关节的一收一放，与肌肉的放长无直接关系。手臂若是直伸直缩，情况也是如此。因此，这种贯串的要求除运用缠丝螺旋式的上升外是无法达到的。

---

① 九个主要关节指：颈、脊、腰、胯、膝、踝、肩、肘和腕。

② “零断劲”仅关节运动，而“贯串劲”则肌肉与关节齐动。

二、一动全动和腰脊的关系

太极拳动作首先要求外部九个主要关节能先后贯串地运动起来，这样才能引起内脏产生“按摩”作用。练拳时切不可几个关节动，另几个关节不动。为了做到全身关节依次全动，就必须在人身上找出它的中心环节，并用它来领导各个关节依次运动，这样才会使动作变得比较简单。否则，要运用脑力来照顾九个关节依次节节俱动，这会造成顾此失彼，忙个不休，不但不能达到贯串全动的目的，并且会失去动中求静的要求。

我们知道，腰与脊这两个器官居于人身的中部，它们天

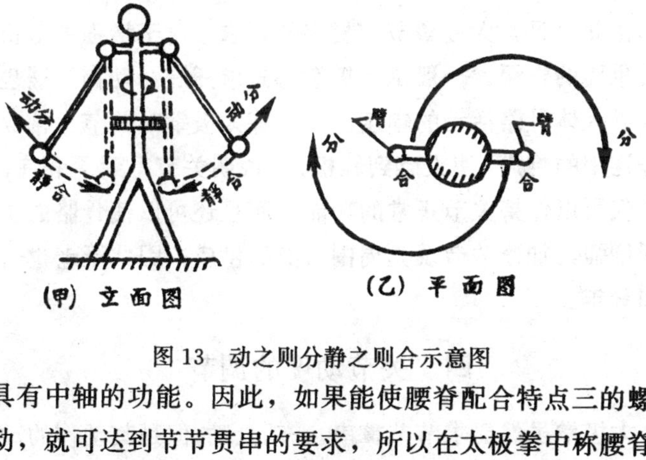

(甲) 立面图　　(乙) 平面图

图 13　动之则分静之则合示意图

然具有中轴的功能。因此，如果能使腰脊配合特点三的螺旋运动，就可达到节节贯串的要求，所以在太极拳中称腰脊为第一主宰。因有这个中轴，双手才能运用离心力和向心力的统一性，做到“动之则分，静之则合”（如图 13）。

三、节节贯串与增强关节

太极拳练到节节贯串以后，就可达到周身一家的功夫。练成这种功夫，只要简单地微微一动，就能使全身内外各部配合着动起来。这种贯串各关节的运动，可以增强关节，阻止关节发生退化现象。根据人体生理学规律，关节经常活动有助于保全关节面上软骨组织的正常结构；如不常活动，则软骨组织就会发生纤维性病变的退化作用。假使长时间不活动，它的附属器官还会进一步硬化，这样就形成了关节不灵的强硬状态。这些病变产生的原因，皆因润滑关节面的骨液分泌衰退的缘故。

由此可见，太极拳节节贯串的要求，对于增强关节机能起着重要的作用。一般练太极拳都先求开展，动作开展也就扩大了人体骨骼活动的幅度。所以练太极拳时关节上常会发出一连串的响声，使人感到轻松，这说明关节得到了锻炼；这样不仅可以保持关节正常的功能，而且还可以使骨骼的机能不断增强，加速关节及其周围血液的供应，因此至老也可健步如青年。

四、关节动度的调节

太极拳虽然要求节节贯串，一动全动，但是其动作的动度是大小不一的。人的日常动作对关节的影响是不平均的：九个关节中，转动最易且多的是腕关节，转动最小且少的是脊柱。而太极拳节节贯串的要求，却与此恰恰相反：要求腕关节动得愈小愈好，而脊柱却要求放长并动得要大些，亦即一直一弯的动度要做得大些。腕关节的动度减小了，就使人不得不扩大身法来帮助达到节节贯串的要求，不得不以腰脊作主宰，否则就无法婉转自如地转过来。如果腕关节的动度不减小，则手腕一转，一个动作可以与脊无关地轻易转过去。滑过去，腰当然动得小了。所以太极拳名家们常常说："练太极拳要练在身上，不要练在手上"。就腕关节来说，必须将腕关节的动度减小，迫使一举一动不得不运用身法，从腰脊上运出来。

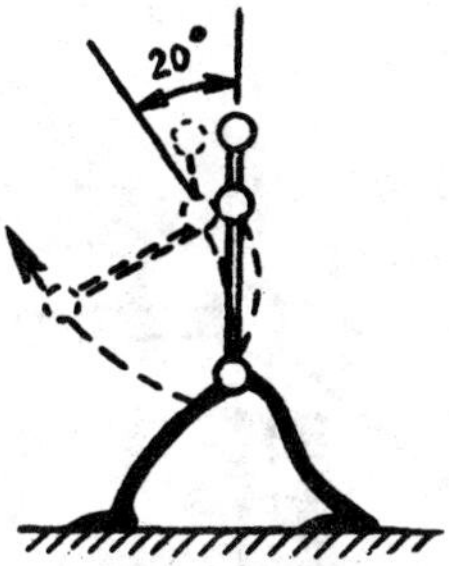

图 14　脊节动度示意图
（动得最小的脊柱关节）

作者有一个朋友，他练习太极拳有年，但只在手法上注意，运动没有运到身上去，动作时只见手臂在动，身体却象一根木棍，随着步法前进和后退。后经别人指点，他用两副薄板夹住两腕（共四块），夹板的两端各打了两个眼，用橡皮圈系住夹板，仅允许腕有小的弯度。这样练习不久，就将从前手上的动转移到身上去了；一经运到身上，就能动则俱动，那节节贯串的要求也有了较好的进展　神气也渐趋鼓荡，身肢也产生了圆活如珠的趣味。这就是减小腕关节动度来提高身法的结果。

五、节节贯串的掌握

在运动时必须由腰脊作发动机，以腰脊为中心，这样才可以练好节节贯串的功夫。而为了做到主宰于腰脊，不顾此失彼和不分散思想，则只有运用具有倾斜度的离心力来发动动作（图 15），才可以自然地把劲运到腰脊上去。所以练架子时，务须养成这种动作的习惯，这样才可使运动时不分散心思，不但可以做到腰脊带头的动，而且还可做到动中得静。“动之则分，静之则合”是描写离心力“动分”和“静合”的作用。虽然由于离心力使两膊同时螺旋地分开，但因为两膊相系，在开中还寓有收合的内劲；这是属于全身的开中寓合。其次，由于不是直开直收，使手臂也就具有螺旋式的开；这是肘合腕开和腕合肘开的开中寓合和合中寓开。前者是全身的开合相寓，后者是手臂的开合相寓。这种全身与手臂的开中寓合和合中寓开，乃是“太极”图（阴阳）的具体表现。练成这种功夫，才能纵横前后，左右逢源，触之则旋转自如，变化万千，为内外俱练提供了有利条件，也是解除技击上“顶匾丢抗”四种毛病的基础（如图 13）。

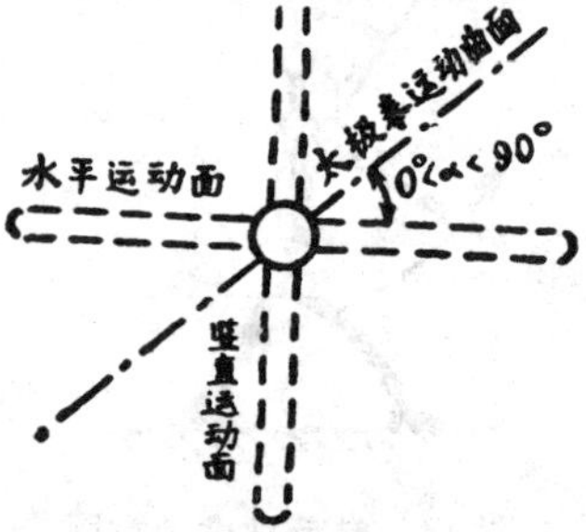

图 15　太极拳运动曲面倾斜度示意图

陈式太极拳第一路拳以运劲为主。在运劲过程中，同时产生了化劲，化后就要发劲，这是运动发展的规律。现代为保健目的而修改的太极拳，几乎全是运劲，对于发劲大有删去不用的趋势。但是太极拳原是运发并用的拳，因此才构成了八门五步[①]。所以有人将发劲的明劲改为暗劲，以达到有发劲之意，而无发劲之形，也就是将发劲改为放劲，以降低发劲的刚度，来适合体育锻炼的要求。所谓发劲，是在沉肩坠肘之下，将各种曲蓄有余的内劲引导着由脊背传递到手臂上再发出去的意思。所以拳谱中规定："劲由脊发"，即由脊脱扣而发出。只有这种发劲才是中正劲，它是由全身汇合了各个关节而发出来的。所以节节贯串的原则，不论是运劲、发劲和放劲均须贯彻，因为节节贯串的运劲正是节节贯串的发劲的基础。发劲除对年老者和体弱者有些不适应外，青壮年人若能练到运发俱能的地步，不仅可练成四正、四隅的八门功能，且对增强体力大有好处。

由此可知，节节贯串的运劲，不仅可为周身一家的功夫打下基础，并且可为节节贯串的发劲提供条件。发劲要节节贯串，是为了能加强其劲，将劲集中于脊背，然后发出去。同时，反过来又促进了运劲，所以它们两者相互为用，又相互增长，因此对保健与技击都有着极为良好的作用。

为了便于掌握特点五，现把要领概括如下。

(1) 腰脊联合作中轴，手臂动作要有倾斜度(45 度左右)；

(2) 由中轴而产生的"动分"和"静合"，是运用离心力达到贯串的中心关键；

(3) 开中寓合、合中寓开是节节贯串和旋转自如的具体表现；

---

① 八门指八种内劲，即掤、搌、挤、按(又称四正)和采、挒、肘、靠(又称四隅)，五步指五种步法，即前进、后退、左顾、右盼、中定。

(4) 发劲的节节贯串是加强运劲贯串的手段；

(5) 减小腕关节的动度，为提高身法作用的必要手段。

第六特点　相连不断、滔滔不绝的一气呵成运动

拳谱规定：

(1)“往复须有折迭，进退须有转换”；

(2)“收即是放，放即是收”；

(3)“劲断意不断，意断神可接”；

(4)“如长江大河，滔滔不绝，一气呵成”。

从上列四项规定中可以看出，太极拳不以一动全动为满足，还要求在练全趟架子时能够进一步做到一气呵成，内劲不断。这是加大运动量的又一方法。其具体方法是：在手法上遇到往复时，要嵌进折迭；在步法上遇到进退时，要嵌以转换；在开合、收放时，要有收即是放和放即是收的意和劲。当然，这个特点同特点五一样，是在螺旋式缠丝运动的辅助下来实现的。如果在发劲之后出现了断劲现象，就要将这种发劲的余意接续下去。万一意也断了①，则要运用意、劲的余神接续下去。为了做到这点，劲要有折迭转换，动作要用意不用力，借使收放统一的身法如同长江水流滔滔不绝，中间无卸劲的余地，亦无意驰的时候，这样就自然可以达到一气呵成的要求。因此，相连不断、滔滔不绝的一气呵成运动就

---

① 所谓意断，是指意与动作脱节，内外不一，意外驰，动作无主。

可作为太极拳的第六个特点。

一、一气呵成的实现

这个特点是继特点五之后在一动无有不动的基础上再进一步加大运动量的具体措施。特点五着重于要求九个主要关节要一动全动，借使运动器官和内脏器官内外相合，以提高每一个拳式的运动量。而特点六则主要是要求在一动全动的基础上，从一趟架子第一个动作开始，一直到一趟架子练完止，中间没有卸劲的地方和断劲的时候，也没有神气呆滞别有所思的情况发生，更没有松口气、离开用意的表现，而是做到自始至终相连不断，波浪式地滔滔起伏不已，也就是说，要把一趟架子一气呵成。运动量经过这一提高，对一趟架子练完后的动度的计算，应该是九个关节的动乘以一趟架子的动作：假定架子的拳式为七十二着，那么练完一趟架子就要一气完成六百四十八个动量。这是我们祖先在体育运动上的一种出色的特殊创造。但是要将这种复杂多变的运动做得自始至终相连不断，从大的方面来说就要做到下述两个方面。

（1）**手法上**——运劲时凡是遇到一往一复的动作，在往复之间要运用折迭弥补其间，使前后两个动作能呈曲线缓和地联接起来。这种折迭的做法是，在运劲到尽头，将要做下一动作之先，如下一动作是要往下和往前行，那么就要先向上一折，再往后一迭，然后再接做下一拳式，这样就与下一动作的劲很自然且呈曲线缓和地联接上了。这就是拳论所规定的“意欲向上必先寓下，意欲向前必先寓后”的说法。这样做，不但前一拳式与后一拳式的劲接上了，并使下一拳式由于前一拳式的加速力关系，使它更加沉着和加强了，正如用毛笔写大字的回锋笔法一样。因此，太极拳运动除了一个动作在一个圈内可以做完者外，如果动作中有一往一复（如两个拳式连接处），就必须加以折迭，才可使上一动作的劲毫无间断地贯串到下一动作中去。这是在手法上因有折迭而达到相连不断的方法。

（2）**步法上**——凡遇到动步进退时，在它们之间用一个“转换”来弥补其间，使前后的步法也能呈曲线缓和地联接起来。这种转换的做法是，迈步向前或是退后均不可直线地直进直退，而必须在前一步到后一步之中嵌进一个转换。这种转换，就是太极拳五步中的顾盼① 二步。有了顾盼二步的转换步法，不但可使腿部的劲强有力地联接起来，并且可使腿部不离开缠丝，能与两臂的缠丝上下一致地联合起来，起到劲起于脚跟，形于手指的贯串功用。

太极拳整个套路内是不断有往复的，因此也是不断有折迭的。有了折迭嵌进在动作之内，练起拳来就显得有一种留恋缱绻的感觉，产生似松非松、将展未展的神态，并表现出波浪滔滔的起伏状，好像一浪过去，又是一浪地动荡不已。

太极拳一趟架子内是不断有进退的，也是不断有转换的。有了转换嵌进在进退之间，就使进退不再是直进直退，而是可以显出婉转的回旋和生生不已。我们在泥地上练拳时，练完一趟架子之后，在泥土上可以留下许多足跟的圈儿，这就

① 顾盼步法所以用目光顾盼二字来形容，是因为太极拳是以步随身转和身随眼动的原则来进行运动的，故名。左为顾，右为盼。

是这种转换的顾盼二步所留下的正确痕迹。

总之，在往复之间手臂有了折迭，在进退之间腿部有了转换，就不但可使前后的内劲联接上，并可使往复进退过程用的劲都是圆劲，不致发生顶抗与丢匾的毛病，也可使往复与进退两者对立面统一起来。

二、名家行拳实例

1914年前后，在前北京体育研究社的年会终了时，全城各式武术家们，如纪子修、张策、尚云祥、王茂斋、许禹生等参加余兴表演。当时太极拳方面，有杨澄甫和吴鉴泉双演太极拳。他们采用的都是大架子，两位在表演时，使观众只觉得是在左右逢源之中前进和后退，滔滔不绝地起伏不已，好像站在小划船上横渡长江一样；他们的动作表面上极其绵软，内里却显出含有坚刚；慢到方时快，快到圆时慢，极其匀清地配合着开合，如玉环的无端，看不清衔接在何处。他们进退时并不显出在进退，仅觉得逐步在变换姿势；表演完毕的时间，约八分多钟，在场的人都叹为观止。

名家们在走架子时所以能够达到这种精深正确的要求，当然主要是因为他们勤学苦练，功夫到家的结果。但是内中如缺少往复的折迭和进退的转换，要想达到这样动荡无已和一气呵成是困难的。

三、神气动荡和一气呵成[①]

从姿势方面如何做到相连不断，已如上所述。本节着重叙述在神气方面应如何达到相连不断，借使内外一致，真正达到相连不断。

要检查神气方面是不是断了，只要看练拳人的神气是呆滞，还是动荡，换句话说，只要练拳人的神气是随着动作而表现出动荡的神态，就证明此时此人已经将意贯注于动作之内了，证明他正在用意练拳；即或表面看到好像劲断了，如果意识还存在于动作之中，就只能说，他的内劲在运动中减弱了，而不能说劲已断了。因此，练习走架子时，应该注意掌握神气的动荡特性，因为这是表示内劲不断的唯一标志。所以，练太极拳一开始就应注意将内意和外神 寓于动作之中，毫不间断；久之可以养成习惯，做到不走架子则已，一走架子神气必动荡无已，思想无暇开小差。这样做，即使万一思想开了小差，仍能尽量保持神的存在，可以很快消除劲断意驰的现象。

四、劲别和一气呵成

太极拳《正功解》上说："太极者圆也，无论上下左右，不离此圆也。太极者方也，无论上下左右，不离此方也。圆

① 本项所指"神气动荡"，与第一特点的"神气鼓荡"稍有不同。"神气鼓荡"是说明在运劲时要鼓荡其神气于八门劲别的运用之中，反过来又促使内在意气运动加强。"神气动荡"是指在一般运动时养成神气动荡的习惯；不运则已，运则神气随着动作而动荡，说明内在意识没有离开动作，没有外驰。

之出入，方之进退，随圆就方之往来。方为开展，圆为紧凑①，方圆规矩之至，孰能出此以外哉”。这是太极拳要求方圆相生的由来。在初学太极拳时，一切动作都要求圆，即或极小的转关，也都要求它圆行圈走。关于圆，前面已经说得很多，但仍应指出下述一点：当功夫练到相当纯熟之后，在运劲到达终点时，应把这一拳式规定的劲别表现出来；而要表现出劲别来，就必须在圆行中现出方来，换句话说，要想在运劲过程中表现出劲别来，就必须有方。所以拳论说：“只圆无方是滑拳，只方无圆是硬拳”。

拳论又说：“卷放得其时中，文体之本；蓄发适当其可，武事之根”；又说：“呼为开、为发，吸为合、为蓄。盖吸则自然提得起，亦拿得人起；呼则自然沉得下，亦放得人出。此是以意运气，非以力使气也”。这是说功夫达到高深时可不再运用大开大合姿势来进行蓄发，而仅运用肌肉皮肤的涨缩即可进行拿放。用太极拳术语来说，这是“寸劲”的功用，也是气功的基础。到此功夫，就可以不必顾虑有断劲的发生，因为这时已经达到方圆相生的高度境界了。

为便于掌握这个特点，特把其要领概括如下。

（1）遇到动作有往复时，必须嵌有折迭——这是在手法上做到相连不断的必要措施。

---

① 这里所说的“方为开展，圆为紧凑”中的开展与紧凑，与《行功心解》内所说的“先求开展，后求紧凑”中的开展与紧凑不同。后者指练习太极拳先要扩大其圆，然后随功夫的精深而紧凑其圆而言。而前者所指乃是：“呼气时，使身肢膨胀，形成开展，达到方形的放劲”；“吸气时，使身肢收缩，形成紧凑，达到圆形的卷劲”。

（2）遇到身体有进退时，必须嵌有转换——这是在步法上做到相连不断的必要措施。

（3）劲断了，要有意在，意不到时，要有神在，这是补救劲断的方法。

（4）能神气动荡地走架子，就可证明已将意贯注于动作中了。意在，为内劲不断的标志。

（5）太极劲的方圆相生，是从“呼为开展、为方”和“吸为紧凑、为圆”中产生出来的。

第七特点　从柔到刚、从刚到柔的刚柔相济运动

拳谱规定：

（1）“运劲如百炼钢，何坚不摧”，“极柔软，然后极坚刚”。

（2）“外操柔软，内含坚刚，常求柔软之于外，久之自可得内之坚刚；非有心之坚刚，实有心之柔软也”。

（3）“太极拳决不可失之绵软。周身往复，以精神意气为本，用久自然贯通焉”。

（4）“运劲之功夫，先化硬为柔，然后练柔成刚。及其至也，亦柔亦刚。刚柔得中，方见阴阳。故此拳不可以刚名，亦不可以柔名，直以太极之无名名之”。

从上列四项规定中可以看出，太极拳的学习，首先要摧毁人们动作中原有的坚硬劲，使它化为柔软，这是化柔的时期。这个时期愈长，则愈可把僵硬摧毁得彻底。此时的要点

是仍须不失绵软，在柔软之下，向着更有弹性的坚刚上迈进。这个刚，不是从努责和鼓劲而产生的“生铁”的刚，而是由松开和放长而产生的弹性的刚。因为身肢放长，并不断螺旋式地绞来绞去，就可产生这种弹性。因此，又可名为“掤劲刚”。这样绷紧中能搓揉得愈柔软，则内在的质量也就可愈坚刚[①]。只有这种具有弹性的刚，才能达到“外操柔软，内含坚刚”的要求。这种刚柔的变换是由精神意气的隐显来掌握的。所谓“隐则柔”、“显则刚”，就是这个道理。功夫精进后，劲可内隐得极深，使外形显得极柔，使人感到好像又回复到柔上去了，其实内在的质量却更加刚了。因此，从柔到刚、从刚到柔的刚柔相济运动就成为太极拳的第七个特点。

一、刚柔相济拳

对太极拳刚柔的看法，怎样才算正确，这是练拳人都希望知道的问题。为了解答这个问题，还须从太极拳发展的环境说起。黄河流域的人民大多喜习硬功拳，因此在该地区流传的陈式拳也有向坚刚上发展的趋势。但陈氏家传者，却仍能保持太极阴阳的原则，表现出刚柔相济的特色。在长江流域，为保健而学习太极拳的知识分子占了很大的比重。他们为了适应体质的需要，逐渐的向着柔软上发展。但杨氏家传者也仍保持着太极拳“柔中寓刚，棉里藏针”的风格。现在流行的各式太极拳，从架子的编组上来看，大体上是相同的，但是从刚柔快慢上来看，则各具特色。因此，一般学习太极

① 如钟表的法条，有最柔软的弹性刚，也是质量最坚的刚。

拳者可各按其需要而学其所爱。至于纯柔无刚或纯刚无柔的说法，则任何武术都是没有的。即使是一般所称的硬功拳，内中亦仍有刚有柔。何况太极拳是由阴阳相济产生一系列相济而又对立的特色的一种拳术。因此，所谓“柔功太极拳”或“刚功太极拳”的说法是不存在的。

二、求软摧僵时期

一个人不论他是否练过武术或其他运动，但他在日常生活中必定经常拿过重物，用过气力。这样，就使每个人在动作中都不免带有硬僵的鼓劲。若想学好太极拳的运劲，对这些原有的鼓劲就必须以“百炼成钢，何坚不摧”的劲头把它去掉，这是练太极拳的初期要求。

在此时期，应力求柔软，务须在走架子的“千锤百炼”过程中使人们动作中所固有的僵硬劲化为柔软劲，并养成这种柔软的习惯。这是摧去原有硬僵和建立新的柔软的时期。这一时期的特色是尽力求柔，在毫不用力的原则下慢慢地动作。这时愈不用力，就愈易使人发现动作中的缺点，也就能愈快地摧去动作中的硬僵劲。因此，可以说这是一个最好的“炼钢转炉”，能把运劲炼到节节柔软地贯串起来。

三、练柔成刚时期

上述求软摧僵期的要求是化硬转柔的初期要求。本期则是转柔成刚的时期。这一时期，首先必须明确刚是哪一种性质的刚和怎样才能运柔成刚。拳谱上说，练拳要“有心求柔，无意成刚”，所以动作不准用力，要求全身松开。这种“松”

是有意识的松，但不是静寂而没有意图的松，同时它和努责鼓劲也是毫无共同之处的。所谓“松”，意为由放长身肢来达到松开，由松开的放长来使身肢产生弹性。弹性加强，则成为掤劲，掤劲正是太极拳要求的弹簧劲。这种弹簧劲的加强，就是太极拳所要求的刚。

明确了刚的性质，现在再谈一谈怎样才能运柔成刚。刚性的加强，是靠内气的贯串而实现的。刚性质量的提高，则是靠缠丝劲绞来绞去以加强弹性的韧度而实现的。因此，运劲如缠丝和身肢放长便成为做到最柔而又最刚的关键。这就是拳谱中所说的“常求柔软之于外，久之自得坚刚之于内”，“非有心之坚刚，实有心之柔软”。太极拳就是这样由柔软变成坚刚的，也只有这种由柔软变成的坚刚，才可以达到忽柔忽刚、亦柔亦刚的熟练境界。

四、刚柔的变换

变换刚柔，在神气上说，是通过隐与显表现出来的，隐则柔，显则刚；在姿势上说，是通过开与合，在运劲过程中表现为柔，在运劲到达落点时，则表现为刚。因有神气的隐显与劲势开合的配合，刚柔就得以充分地表现出来。落点是运劲到达尽头之点，乃是神显气聚之处，所以此时此处运用刚法，可谓恰到好处。除此以外，在一切开合转换过程中，因都是神气鼓荡和圆活转换变化的过程，此时均宜用柔法。概括起来说，每个拳式动作都有开合，每个开合过程中都有运劲的落点，落点要用刚劲，其它都用柔劲，以做到刚柔相济。这就是运用刚柔相济的正确地点，是一项必须遵守的原则，也是练出八门劲别的基础。在这方面，可以根据苌乃周氏拳谱内《刚柔相济论》的说法，把刚柔转换归纳为五点，供作参考。

（1）若纯用刚法，则气铺全身，牵制不利，到达落点必不能表现坚刚。

（2）若纯用柔法，则气散不聚，没有归着，到达落点也不能表现坚刚。

（3）应刚而用柔，则气应聚而不聚；应柔而用刚，则气应散而不散，皆不得刚柔相济的妙用。

（4）所以善用刚柔者，到达落点时用刚，如蜻蜓点水，一沾即起；这是表现刚点的正确形象。在一切运劲转换时用柔，如车轮旋转滚走不停；这是表现柔点的正确形象。

（5）必如是，乃得刚柔相济的妙用，方能去掉气歉不实和濡滞不利的缺点。

五、刚柔相济的掌握

（1）**力求柔软**——初学走架子时，主要是学习各种姿势。通过学习这些不同的姿势，先化去身上原有的僵硬劲，这种僵硬劲是人人都有的。所以，在这一阶段应不遗余力地尽量求柔软，这对先前学过硬功拳而后转学太极拳的人来说，则更加显得重要。

（2）**力求身肢放长，以生弹性刚**——在这样很柔、很慢地练习一、二年之后，如果动作中已经去净僵硬，达到绵软的程度，且已养成这种习惯，就可以转入下一步的练习。这时，首先在心意上应有全身处处放长的意念，并在姿势动作中按照拳论规定，大力进行放长的专门练习（如虚领顶劲、气沉丹田、含胸拔背等），借使心意与身肢在紧密配合下专习全身的放长，以求得弹性刚。初练拳时，对各种放长的规定，如含胸拔背等，只用意念就可以了，而到此阶段，刚应在用意和身肢上共同进行了，因到此时已不致因放长再染成相反的鼓劲病象了。

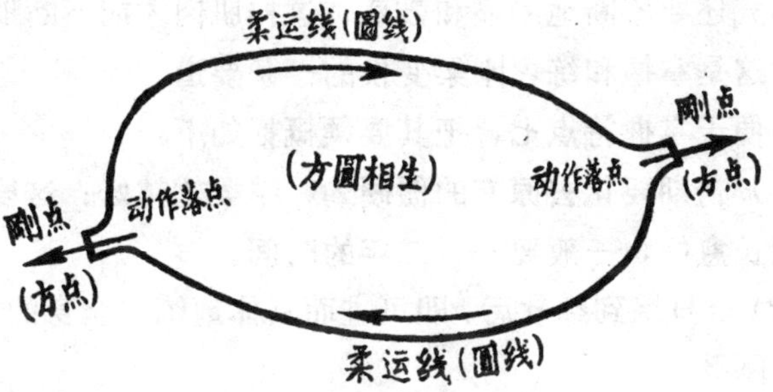

图 16　刚柔相济示意图

（3）**做好“柔行气，刚落点”**——在全身放长达到要求后，就可以进一步在每个开合的落点结合着神气外显形成方点，表现出四正和四隅的劲别来，这是太极拳“方圆相生”中方的练习。在方点要表现出极其坚刚的刚（也就是要使身肢绷得极紧且长），而刚过后则要求在整个运动过程中表现出极其柔软的行气。整趟架子就应在这样的刚柔相济情况下进行。因此，练拳时应该牢牢记住六字要领：“柔行气、刚落点”。

（4）**刚柔运用与“意气风发”**——刚柔的运用，必须结合着心意、神气和呼吸的运用：也就是在“意气风发”的基础上，配合运用深强的呼气来使身肢下沉而放长，借以加强弹性，成为弹性刚（如发劲等）；在意静气敛的基础上，来使肢体肌肉连带松开，从而形成活泼无滞的柔软，由柔软变化万端。这两者在生理上都是一种自然现象。

总之，太极拳的刚，不是鼓劲的刚，太极拳的柔，不是无弹性的柔，而是“意气风发”外显以成刚，意静气敛内隐以成柔。心意一动，神气随之，神气隐显，则柔刚变换。所以在一趟架子的练习中，神气应忽隐忽显，心意应不断地指挥，神气还要不断地隐显和鼓荡，这样肌肉才能不断地变换刚柔。这是掌握和练习刚柔变换的一条要道。

为便于掌握特点七，把其要领概括如下：

（1）初期要化去原有的僵硬劲，越柔软越好；这段时间也是愈长愈好，一般要一、二年的时间。

（2）全身练到绵软后，即可进而具体地练习全身的放长，以练习刚劲。

（3）行气用柔，落点用刚，是太极拳划分刚柔的界限。

（4）心意结合神气的忽隐忽显和呼吸，是太极拳对于刚柔变换的法则。

（5）刚柔同样达到高级水平，是太极拳妙手称号的标准①。

---

① 按陈鑫《总论发明》说：“纯阴无阳是软手，纯阳无阴是硬手；一阴九阳根头棍，二阴八阳是散手；三阴七阳犹觉硬，四阴六阳类好手；惟有五阳并五阴，阴阳无偏称妙手；妙手一运一太极，迹象化完归乌有。”这是陈式对于太极拳刚柔度的标准。因陈家沟地处黄河流域，练硬功拳者多，因此惟恐为环境所熏染而渐趋于坚硬，故有硬手、散手、好手、妙手之称，以作为限制练拳者趋于坚硬的准则。

第八特点　从慢到快、从快到慢的快慢相间运动

拳谱规定[①]：

(1)“动急则急应，动缓则缓随”；

(2)“彼不动，己不动；彼微动，己先动”；

(3)“初学宜慢，慢不可痴呆；习而后快，快不可错乱”；

(4)“形抗五岳，势压三峰，由徐入疾，由浅入深”。

从上列四项规定中可以看出，在初练太极拳套路（一趟架子）时，动作应该越慢越好，可将时间放长。动作放慢了，才有修改的机会，才能检查出不顺遂的地方。但是，慢不可慢到面部表现痴呆，这是慢的限度。以后，随着熟练程度的提高，可渐渐加快，缩短走一趟架子所需的时间。但由慢转快，同样也要有一个限度，即要做到虽快，但动作仍能沉着，仍能表现出劲别来，并不发生浮飘与错乱现象。这是指练习一趟架子所需时间的长短而言的。在这种能慢能快的总前提下，用到每个拳式时则须将这种快慢的对立面统一于一个拳式中，即转关处要慢，过了转关处就逐渐加快，运到落点时

---

① 拳谱中对快慢的涵义，有两个内容：

第一个涵义是指练习一趟架子所需时间的长短。如甲练一趟架子，需时12分钟，乙需时15分钟，则我们说“甲快乙慢”。

第二个涵义是指每一个拳式中运动的速度。它是转关处慢，过了转关后逐渐加快，运到落点时最快，发后复转慢。

现在所引用的四句原则中，头两句指第二个涵义，后两句指第一个涵义。这是学习时必须分清的问题。

最快，以后复转慢，如此周而复始。(如图17) 所以太极拳的每个拳式都要经过能慢能快的锻炼，这样才能在推手时“彼微动，己先动”，“动急则急应，动缓则缓随”，创造有利于自己的条件，并能达到快慢相间的统一。

所以，从慢到快、从快到慢的快慢相间运动，就成为太极拳的第八个特点。

一、快慢的发展程序

太极拳初学阶段，万不可快，必须尽力求慢，愈慢愈好。因为慢可以细心揣摩姿势的正确性，可由粗到精，对每一个动作的来龙去脉都有充分的时间加以审查；这样，姿势就易于纠正，并可在转关处检查出是否顺遂，不过慢，也不是慢无期限，一般经过一、二年的学习、模仿、检查和纠正，就可以了。这一点在初学时要有一个正确的概念。这是只求姿势正确，不求劲别分明的时期。

这个时期的慢还要有个条件，就是说慢要在提起精神和神不外散的前提下求慢。如果动作慢得神气上表现出迟钝和呆板，行动上表现得滞重和不灵，就与太极拳意气运动的要求相反了。因此，慢必须在神气鼓荡和意气灵换下求慢，这是太极拳对于慢的标准。为此，在初学时万不可染上这种意滞、神呆的习惯，给以后的提高造成困难。

以后随着熟练程度的提高，可渐渐加快速度，但快不可错乱，这是锻炼劲别的时期。最后，到功夫精进后，拳式可由开展发展为紧凑，使运劲的线速度又逐渐变缓，而转关处的角速度却更快了。这是先慢、后快、复缓的三层功夫，也是快慢发展的三个程序。

二、由慢转快的时间和条件

在什么时候和什么条件下由慢转快最合适？为了回答这个问题，先要弄清由慢转快的两个标准。

（1）**动作沉着**——在全趟架子内，即或动得比原来快一些，但仍能不改变原来运动的沉着性，这是正确的加快。如若不能，并显出浮飘，则说明动作加得太快了，应立刻放慢些。在这个标准指导下，可以随着熟练程度的提高逐渐加快。

（2）**能表现出劲别**——太极拳是由八门五步编成的。在运劲时应该充分表现出八劲之一（如四正的掤攦挤按或四隅的采挒肘靠）。若动作太快时，一转就滑过去了，就不易表现出要求的劲别。因此，如感到自己很难再表现出劲别，就说明动作已加得太快了，应该放慢些。这也是由慢转快的标准①。

上述两点，乃是由慢转快的两个标准。有了这两个标准，就可以指导我们正确地掌握由慢转快的时间和条件，使运动的速度恰到好处地由慢转变为快。这里所指的快，并不是将太极拳全部动作均改为快动作，而是在每一个拳式的开合中，转关折迭处都要似松非松、将展未展地表现出留恋缱绻和绵软的慢动作来。因此，所谓快，仅是在由圆转向方的过程中表现出来。（如图 17）这种加速运动是八门劲别产生的基础，

---

① 无论如何加快，为了表现沉着和劲别，第一趟十三势架子最快不过八九分钟。这是杨澄甫老师 1914 年在前北京体育研究社的年会上公开表演太极拳时的速度。

若没有这种角加速力，就无法表现出四正和四隅的劲别，也无法适合“动急则急应”的要求。太极拳的发劲，就是利用这种加速过程而实现的：在开中寓合和内劲曲蓄条件下，当达到目的物附近时，突然如弓弦脱扣似地一振而发，把内劲从短距离内发出去。武术家把这称做“寸劲”①。

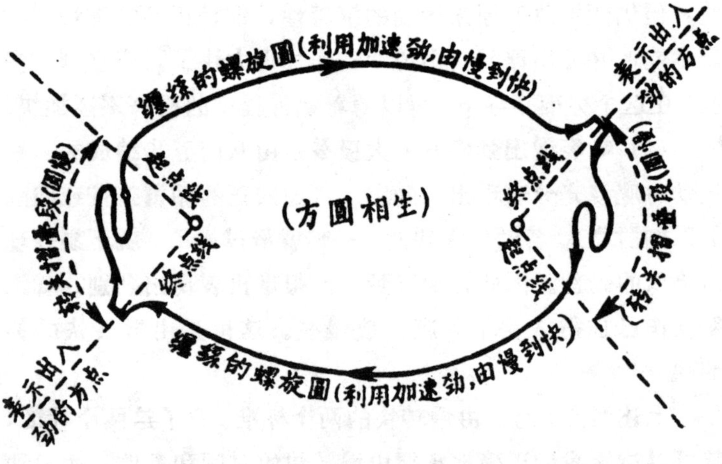

图 17　快慢相间示意图　　　　折　折

三、快慢相间和匀清、劲别

根据上述理论可以知道，凡是单独的慢动作或是单独的快动作都是不合太极阴阳相济的要求的。其次对人类注意力的稳定性来说，从心理的生理基础可以看出要使注意力作长

① “寸劲”：凡在一尺以内距离的蓄发劲，均称为寸劲。

期的同等强度的注意而不破坏其稳定性是不可能的。要使注意力稳定和意神不涣散,就必须使注意力的强度有高有低。而太极拳为意气运动,它要求把意识贯注于动作之中,因此,为了不使意神涣散,则动作就要快慢相间,这样才能配合意气的起伏特性,促使注意力得到稳定和神气鼓荡。其实,动作的快慢相间也是人类的一种天然本能,它既是保健所必需,也是技击所不可少的。因此,以一个拳式而言,要求达到快慢相间(如图17)。然而从一趟架子来说,这种每个拳式的快慢相间,还要求具有均匀的变化幅度。这也就是说,从运动开始到结束,需要慢时都是同样的慢,需要快时,都是同样的快,用太极拳术语来说,就是要做到"匀清"。假使能达到这个要求,则他的呼吸必定能调节得很"匀清",不会有渐趋急促的现象。这种使动作与呼吸两者均达到"匀清"的功夫,是太极拳修养有素的一种具体表现,是久练得来的真功夫。因此,开始由慢转快时,切不可怕呼吸急促而不敢行加快的动作,那是因噎废食。总之,太极拳要如长江大河的波浪一样,既滔滔不绝又匀清地起伏运动。

太极拳是由八门五步所组成的。初学时,为了化去身肢原有僵硬的拙力,所以暂时可不表现出劲别,可以只圆不方。这一时期所以允许不表现出劲别来,是因为练习不够、功夫不深和习惯尚未养成,是因为这时若要求表现出劲别,就容易产生努责鼓劲的毛病,不再能产生身肢放长的弹性劲来。

在练过一、二年求软摧僵的功夫以后,自觉僵劲已去净,即可在走架子时表现出劲别来。表现出劲别,乃是练习太极拳所必不可少的,也是八劲所要求的,亦即加速力到达落点时要表现出：

（1）向外有掤劲，向内有搌劲，双合有挤劲；

（2）向下有按劲，双分有采劲，发出有挒劲；

（3）手腕出了方圆有肘劲，肘臂再出方圆有靠劲。

这样运动，才可以说是由八门五步所组成的太极拳。为此，练拳到一定时期以后在走架子时，应该充分做好这个快慢相间的动作。快慢相间久练久习，即可使八门劲从无到有，从有到强，做到名副其实的八门五步。

四、快慢相间的掌握

（1）**初学时尽力求慢**——初学时，为了便于检查与纠正每个动作，必须要慢，要循序渐进地练过这一个求慢的时期，切不可性急，以免给进一步提高造成困难。

（2）**须在精神提起与意气灵换情况下求慢**——初学时为了检查与纠正姿势而不得不慢。但是正如上述，慢要有个限度，也就是说不可慢得似动似停，目定神呆，好象在那里想什么心思。这种慢，近于站架子的站功，不是行拳所需要的。因此，慢必须在精神提起和意气灵换的前提下求慢，这样才不致产生痴呆和精神涣散的缺点。

（3）**须在动作沉着和能表现出劲别情况下求快**——求快同求慢一样，也不是漫无限制的往快上走，同样要有一个限度：虽快，但动作仍要沉着。沉着的快，是太极拳要求的快，不沉着就是病象。同时，还必须在能够表现出劲别情况下求快，因为表现了劲，就限制了快。这样的快，是有利无害的快，它不致浮飘不沉和劲别不分，不致失去方圆相生的功能。

（4）**转关处慢，转向方点时加快**——上述三点说明走一趟架子时对快慢应掌握的分寸，现在再谈一谈每一个拳式的快慢原则。太极拳规定，凡在转关折迭处应慢，过了转关后运用加速劲向快上运劲，如此周而复始地进行。同时，在一趟架子中，这种快慢相间的变换，还要求达到“匀清”。这是锻炼八门劲别的基础，使它由无到有，由有到强。

为便于掌握特点八，将其要领概括如下：

（1）初学时要慢，为的是有一个检查纠正的机会。

（2）求慢必须以精神提起和意气灵换为前提。

（3）随着熟练程度的提高，应逐渐缩短走一趟架子所需的时间。但求快，必须以动作沉着和能表现出劲别为前提。

（4）快慢相间的原则是转关折迭处慢，过了转关后，渐渐加快，过方点后再转慢。同时，转关时行气要慢，尽头的落点要快。

（5）在整趟架子中，快慢相间的变化幅度要求做到匀清。

结　语

太极拳的八个特点是从太极拳拳谱中一再经过提炼而精选出来的。前人留下的宝贵的练拳经验，早已成为现时练习太极拳的原则，也是人们练太极拳所一致遵循的准则。

另外应该指出，特点虽分八个，但其实质是一个，因此在练习架子或推手时，不可孤立地对待这些特点，务须在每一个动作中都逐渐做到符合这些特点。因为任何一个拳式或是动作，都必须运用集中的意识来指挥整个动作过程（特点一），使身肢在精神提起的前提下具有弹性（特点二），并在虚实灵活变换（特点四）与顺逆螺旋缠丝中（特点三），促成内外相合，达到一动无有不动的节节贯串（特点五）和相连不断的一气呵成（特点六），表现出刚柔相济的质量（特点七）和有慢有快的速度（特点八），这是太极拳应具备的特色。

从上面的分析可以看出，这些特点是相互依赖、相互制约、相互促进和相互转化的。因此，如果孤立对待，企图只贯彻一个特点而放弃另外的特点，则不但损害了后者，同时也影响了前者。所以这些特点不是为一个特定动作所特有，更不是某一个动作仅有某一个特点，而是构成整个太极拳套路的每一个拳式皆应具有的特点。

现在流行的太极拳，不论是哪一式，也不问姿势是开展还是紧凑，更不管这趟架子内多几个拳式还是少几个拳式，只要细心观察，这些外表虽有差异的太极拳架子，内中或多或少都具有这些共同特点。所不同的，仅是有的是明显的表现于外，而有的则以暗劲方式隐藏于内。这也说明了太极拳流行数百年不为其他武术所同化，而仍能独具一格，皆是这些共同的特点作了中流砥柱。因此，学习太极拳时，不可把它当作等闲视之。

但在初学时想要一下子就掌握这八个特点，这是不可能的。初学时只要认识了这些特点，知道它是前人留下的经验总结，明了它是构成太极拳的基本因素，就不难根据前人的经验，遵循前人已经指出的方向稳步前进，就不难收到太极拳应有的功效。

第二章　陈式太极拳第一路图解

陈式太极拳第一路拳式名称顺序

第一式　预备式
第二式　金刚捣碓
第三式　懒扎衣
第四式　六封四闭
第五式　单鞭
第六式　第二金刚捣碓
第七式　白鹤亮翅
第八式　斜行拗步
第九式　初收
第十式　前蹚拗步
第十一式　第二斜行拗步
第十二式　再收
第十三式　前蹚拗步
第十四式　掩手肱捶
第十五式　第三金刚捣碓
第十六式　披身捶
第十七式　背折靠
第十八式　青龙出水
第十九式　双推手
第二十式　三换掌
第二十一式　肘底捶
第二十二式　倒卷肱
第二十三式　退步压肘
第二十四式　中盘
第二十五式　白鹤亮翅
第二十六式　斜行拗步
第二十七式　闪通背
第二十八式　掩手肱捶
第二十九式　六封四闭
第三十式　单鞭
第三十一式　运手
第三十二式　高探马

第三十三式　右擦脚
第三十四式　左擦脚
第三十五式　蹬一根
第三十六式　前蹚拗步
第三十七式　击地捶
第三十八式　翻身二起脚
第三十九式　兽头势
第四十式　旋风脚
第四十一式　蹬一根
第四十二式　掩手肱捶
第四十三式　小擒打
第四十四式　抱头推山
第四十五式　三换掌
第四十六式　六封四闭
第四十七式　单鞭
第四十八式　前招
第四十九式　后招
第五十式　野马分鬃
第五十一式　六封四闭
第五十二式　单鞭
第五十三式　双震脚
第五十四式　玉女穿梭
第五十五式　懒扎衣
第五十六式　六封四闭
第五十七式　单鞭
第五十八式　运手
第五十九式　摆脚跌叉
第六十式　左右金鸡独立
第六十一式　倒卷肱
第六十二式　退步压肘
第六十三式　中盘
第六十四式　白鹤亮翅
第六十五式　斜行拗步
第六十六式　闪通背
第六十七式　掩手肱捶
第六十八式　六封四闭
第六十九式　单鞭
第七十式　运手
第七十一式　高探马
第七十二式　十字摆莲
第七十三式　指裆捶
第七十四式　白猿献果
第七十五式　六封四闭
第七十六式　单鞭
第七十七式　雀地龙
第七十八式　上步七星
第七十九式　退步跨虎
第八十式　转身双摆莲
第八十一式　当头炮
第八十二式　金刚捣碓
第八十三式　收势

关于图解的几点说明

1. 第一路图解中的动作分解图是按照陈照奎的拳照描制的。第二路（炮捶）图解中的动作分解图是按照陈发科老师拳照绘制的；另外，根据动作分解上的需要，又按陈照奎的体型增绘了一些图。

2. 为了便利读者查对拳式的方向，把图照中姿势的方向约定为：面向读者等于向南，背向读者等于向北，面向读者右面等于向东，面向读者左面等于向西。当读者练习纯熟后，可以根据场地形状任选方向，不一定要把预备式从面南站立开始。

3. 图中所有带有实线或虚线的箭头，均表示手或足的动作趋向，所有图中的箭头，均表示由本图过渡到下一图的动作趋向。凡动作较简单，用文字即可能说明的，即不再在图中表示其动作趋向，可参看文字和后一图就能明了；另外，与前面某一式相同的拳式，将动作分解图由数幅略为一或二幅者，可参考前面的相同拳式的分解图，不再在被略为一或二幅的图中表示其动作趋向。

4. 带有实线的箭头表示右手或右足的动作趋向，带有虚线的箭头表示左手或左足的动作趋向。

5. 由于太极拳中脚的动作也较细致，为了表明脚与地面的关系，在脚旁绘上阴影，以资区别。（参阅下图）

a. 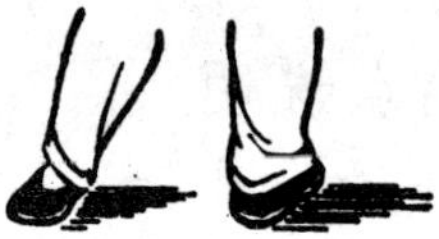 表示全脚着地

b. 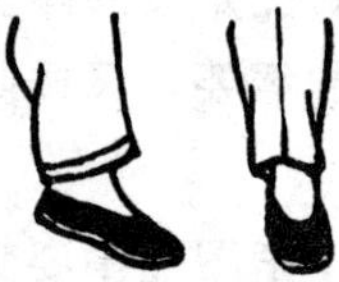 脚旁无阴影者，表示全脚离地

c. 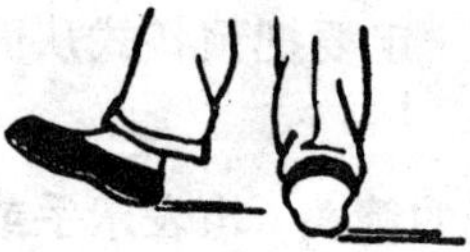 表示脚跟着地

d. 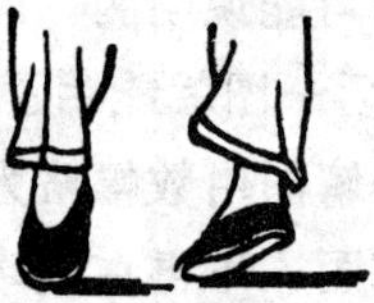 表示脚尖着地

陈式太极拳第一路

第一式　预备式

身体中正站立，两足距离比肩略宽，两足尖微外撇，两臂自然下垂，眼向前平视。(图 1)

要点：

预备式是开始动作前意识上和姿势上的准备，它要求：内固精神，外示安逸；虚领顶劲，即头要正直，顶要虚虚领起，如悬挂着一样地顶劲；唇轻闭，齿轻合，下颏微内收；沉肩，即两肩微前卷，并放松下沉；含胸拔背，即胸部不内凹外凸地含住，脊背要有上下对拉拔长之意；裆要开，并有圆虚之感；两膝微屈，立而不挺直，膝关节留有预余；全身放松，呼吸自然，意存丹田。

图 1

上述要点，不单在做预备式时，而且在做整个拳套的任何动作时，都必须刻刻注意。另外，如上所述，各方面固然各有要求，但又彼此互有影响。例如：由于肩微前卷和松沉，就易于做到含胸拔背、精神内固、气沉丹田和虚领顶劲；由于膝微屈，则裆易开而圆（裆即两便之间的会阴部分，开裆即觉得有气提起和这部分皮肤不下荡）。

第二式　金刚捣碓

动作一：身微下蹲，两肘微屈，两掌心朝下（两手有合劲之意），眼向前平视。（图 2）身体微左转；同时两手左逆、右顺缠，向左前斜角抬至高与肩平，两掌心仍朝下。（图 3）身体右转，并继续下蹲，重心全部移于右腿，左脚提起；在转体的同时，两手仍以左逆、右顺缠，向右后方展开，掌心朝右后方，手指舒展勿软。（图 4）

动作二：左脚脚尖翘起，以脚跟内侧贴地向左前方铲出，随着重心前移，渐至左脚踏实；同时两掌仍以左逆、右顺缠，

图 2

图 3

图 4

向右后方继续展开并微沉，在左脚踏实的同时，两手随体重前移。（图5甲、乙）重心向前移于左腿，身体随着左转，右脚前上一步，以脚尖点地；同时两手自后向前左逆、右顺缠，左手手心朝下、屈肘向前挤出，右手随着右脚上步时前撩，两

图5甲

图5乙

图6

手形成合劲。(图 6)

动作三：右掌变拳由外向上顺缠，左掌由内向下逆缠；同时右脚提回。(图 7) 左掌落至腹前，右拳随即落于左掌心内；同时右脚向左脚旁蹬地震脚。(图 8)

图 7

图 8

要点：

1. 缠丝劲就是太极劲，是构成太极拳的核心。它是由两个对立的基本缠丝统一起来的。整套太极拳的任何动作，始终不可离开缠丝劲。因此，缠丝劲贯串于一切动作过程的始终。顺逆两个缠丝是整套拳的动作所普遍具有的，拳式内各个动作都有顺逆缠丝，因此，顺逆缠丝是属于普遍性的基本缠丝。而里外、上下、左右、前后、大小，这五对是形容各个动作的缠丝在方位和大小上的不同点，所以是属于特殊性的方位缠丝。但并不等于在普遍性的顺逆缠丝上只具有单一的一对方位缠丝，而是根据各个动作的要求，有些是单一的，如左右顺逆，有些则既有上下的不同，又有里外的不同，如动作三（图 7）就是这样。关于缠丝劲可参看特点三，并在特点三中有缠丝图可参考。

2. 此式为太极拳十三势的第一势，中间经过了五对缠丝劲的运用，最后一捣（震脚与右拳下击于左掌心内），即表示这一拳式结束。

3. 震脚的作用，是使全身气往下沉，并有利于血液循环。譬如，站立过久感到疲乏，而环境又不允许走动时，两脚以脚尖点地，将脚跟提起，再下落微震，这样运动数次，同样能收到恢复疲劳的功效。另外，震脚的轻重可根据练者年龄与身体的强弱而定，但无论轻或重都必须使下沉的劲整。劲的整否，还可根据震脚声加以判断。

4. 太极拳的任何动作都要求“沉肩坠肘”。“沉肩”已如预备式要点中所释，“坠肘”即两臂在任何动作中，肘关节要保持一定弯屈，不可挺直；肘尖并有下坠之意。

5. 陈式太极拳中的掌，要求手指后弯，就是除大拇指外，其余四指全部向手背方面微弯（参看各图中的掌型）。这样，可使气贯注于指肚间（气达两梢），还可警惕和消除臂部使用拙力的缺点。

第三式　懒扎衣

动作一：身先微左转，再转为微右转，随即转正；同时两手在小腹前随转体自左向外而上向右而下绕一小圈（仍复为图 8 的姿势）。接着身体再由微左转，转为微右转；同时两手左逆、右顺缠，合劲交叉于胸前；由左腿实转为右腿实。（图 9）两手扩大缠丝圈，右上顺缠、左下逆缠地分开，形成

图 9

图 10

开劲；开时由右腿实变为左腿实。（图 10－11）重心全部移于左腿，右脚提起，即以脚跟向右贴地铲出；同时两手继续划弧，由大开转为双顺缠大合（图 12 甲）；重心渐渐右移，右脚尖踏实，身体微左转，右手稍左展。（图 12 乙）

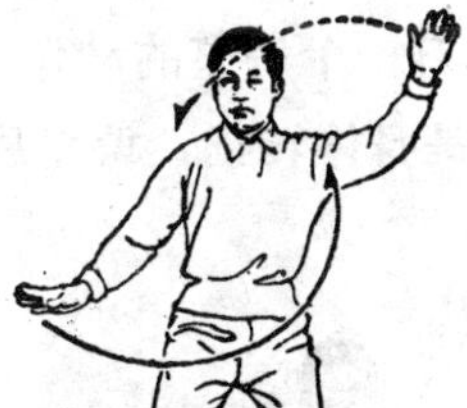

图 11

图 12 甲

动作二：身微右转，随着重心右移，渐至右腿变实；同时两手由合再开，右手大顺缠向右转臂展开，左手小逆缠后翻掌置于左腰前，左掌心朝上。（图 13）身体转正，调整后胯，全身松开，气往下沉。（图 14）

要点：

1. 当右足迈出时，须恰是右手向左顺缠下沉时，要有右手向左下沉而将右足向右压出去之感。等到左逆右顺再合后，这一动作充分表现出特点五“一动无有不动”的要求。

图 12 乙

2. 陈式太极拳在每一式开始时，都要由内部引动外部，因此在外形上有一个小圈来带动后面的动作。如由预备式开始做金刚捣碓时，两手在胯旁屈肘稍提，即手心朝下微按，形成合劲，然后动作起来；由金刚捣碓开始做懒扎衣时，两手则在腹前绕一小圈（如图 8 中两手的虚线）。在每一式完成时，都有一个调整的动作，如金刚捣碓最后是一捣，而懒扎衣最后是身体转正，调整后胯。

图 13

图 14

3. 此式充分表现了上下（手与足）相随的关系。划一个圈转到上掤时，手为虚，手下的脚就变为实，反之则为虚。这也是求得内劲中正的关键（但提腿独立者除外。因一足站立，为了保持中正，平衡重心，站立的独足是实，实足之上的手仍然要实）。这在图 10 和图 11 中，表现得最为明显。

4. 懒扎衣为陈式太极拳的基本拳式之一，它以左小里逆缠与右大外顺缠所形成；要求做到没有凹凸、缺陷和内劲不断，尤以小里逆缠为难，须多加注意和练习，才能达到要求。在懒扎衣这一拳式中，尤其要注意收（紧缩圈时）中有放、放（放开圈时）中有收的劲，其窍门在于收放过程中将里外缠丝的成分加多些，就易于达到这种要求；只有达到这种要求，才能“牵动往来气贴背”。

5. 两臂转为合劲，由于气贴脊背和两膊相击，使掤劲不丢，则产生“合中寓开”的妙用；同样由于两膊相击，在两臂分开成为开劲时，内部却又具有合劲，又产生“开中寓合”的妙用。

图 15 甲

图 15 乙

第四式　六封四闭

动作一：身微左转，重心左移，左腿变实；同时两手先各在原处旋臂划一小圈（以引起动作），即右手大顺缠转臂搬至腹前，左手小逆缠掤至胸前，两手形成合劲；身体微右转，重心右移，左手以大拇指一侧贴近右肋向里滚转，成手心向左，右手逆缠使手心翻朝下（图 15 甲、乙）。身微右转，重心右移，右腿变实；同时，右手转臂顺缠、左掌小逆缠，两手合住劲，向右上方弧形挤出。（图 16）

图 16

图 17

动作二：身再微左转，重心再移回左腿，左腿变实。同时，右手顺缠上托，劲贯掌指，指勿软；左手逆缠转臂，以手背一侧腕关节弧形向左上掤，劲贯手背，五指斜向下垂，指勿软。（图 17—18）身体继续微左转；同时两手顺缠翻掌分置于两耳旁，掌心斜朝外。（图 19）随即两掌合劲向右下按（开始深深呼一口气，深呼气完止时，恰恰双按到底，以呼气为主，动作配合为宾）；同时，身体随双手右按右转，重心也随着移于右腿，左脚向右并步以脚尖点于右脚旁。（图 20）

要点：

1. 两手由合转开或由开转合，都要以腰脊为轴（身体的转动）来带动；在左右转动时上体仍须直竖，不要前俯后仰；两掌下按时，要气贴脊背，裆口圆虚，以右手为主，左手为宾。

图 18

图 19

2. 六封四闭这一拳式，是指六成封四成闭的意思。它的作用跟华佗五禽经内“金刚抖力”相象。两手下按时，须撮嘴悠缓呼出一口深长之气，这对调整呼吸系统有极大帮助。

图 20

图 21

第五式　单鞭

动作一：身微右转即向左转回；同时右手顺缠向内、左手逆缠向外各翻一个圈，随即右手变勾手右举，左掌弧形移至腹前，在身体左右旋转时，左脚也随着以脚尖点地辗转。(图 21—22)

动作二：接着重心全部移于右腿，提起左脚，身体下蹲，即以左脚跟向左虚虚贴地铲出，此时胯根更撑开，随着重心左移，渐至左脚尖落地，左腿变实。(图 23—24)

图 22

图 23

图 24

图 25

动作三：左掌自腹前稍向右上托，即弧形向左顺缠，缠至左侧，高与肩平时，以掌根微下按；当左手缠至左方转按时，右手配合着微微顺缠向外形成开劲；两腿虚实比例也同时加大，一经形成单鞭，即松开后胯，将身体转正。（图 25—26）

要点：

1. 动作一中，两手在身右各翻转一个整圈时，须运用腰脊作轴来带动，才能做得圆劲洒脱，并要使该动作表现出：劲是从右脚跟通过脊背上升而形于左手指，然后松开后胯，当再转正时，又表现出该劲从左手指横过脊背，乃至右手合拢地勾上的。该动以左脚跟落地为实，但要注意“虚”非全然无力，“实”非完全站煞，因为左脚跟落地辗转时，重心在左腿上也随着身体的转动有所增减。

图 26

2. 动作二中，左脚左迈，要求脚尖翘起，以脚跟贴地轻轻铲出，如猫捕鼠时迈步一样，才能稳而不滞、轻而不浮，显得既沉着而又轻灵。

3. 太极拳要求意气须换得灵，单鞭就是一个好例子，左手左缠时意注左手，待到完成身体转正时，意又转注于右手上，所以图 25 与 26 不同，前者意注左手，后者已移转到右手。

4. 此式以左手运动为主，加大左手的运动量，因为在整套拳中左手比右手运动得少。另外，要求左手转臂向左如柔软的鞭子一样甩出去，将劲运到左掌中指上（如图25）。由于该式与右手运动为主的懒扎衣相对，因此懒扎衣与单鞭为太极拳第二势，呼为二仪势。另外，虽皆以练一只手为主，但须牵动到一动无有不动，以达到节节贯串。这种要求比双手练习全动要困难些，须以运用特点五作为重点。

5. 太极拳八个特点要表现在每一个动作中，也可以说太极拳是八个特点联合运动的拳。不过，就某一个动作而言，则以某一个特点为主要内容，其余特点为次要，但并不等于不再运用其余特点了。因此要明确前面所提特点五，仅是指该式中以此特点为主而已。

6. 太极拳的任何动作，都要求“劲以曲蓄而有余”，所以在做该式时必须注意使右胯及右膝关节微屈，不要伸直。

第六式　第二金刚捣碓

图 27

动作一：身微左转，裆口放宽；同时两臂下沉，左重右轻，左掌在左侧逆缠一个整圈，右勾手变掌外顺缠转为手心朝外上方，双臂外掤并合住劲。（图 27）

动作二：两手扩大缠丝圈，以左逆、右顺缠自左而上合住劲地向右运转；左手移至右胸前，掌心朝右；右手运转至右侧，高与头平；当两手开始向右运转时，重心右移，右腿变

实。(图 28) 以下同第二式“金刚捣碓”动作二的后部说明，惟方向不同，该式完成时是面朝正东。(接图 5—6)

动作三与第二式“金刚捣碓”动作三相同，惟方向不同，该式是面朝正东。(接图 7—8)

要点：

1. 动作一中，两手各缠一小圈来引动后面的动作，为该式准备动作。

2. 图 27 中的两手合劲，与前面合式姿势里的合劲不同，而是开势中的合劲，应予分清。

图 28

3. 图 28 中的姿势，是两膊相系着经过左逆、右顺各缠一圈后而形成的，同时是两膊相系下合住劲，运用以腰脊为轴的身法来完成的。

4. 其余同第二式“金刚捣碓”要点。

第七式　白鹤亮翅

动作一与第三式“懒扎衣”动作一相同，惟该动与“金刚捣碓”的衔接处，两手在小腹上不绕小圈，直接做胸前交叉的动作。(图 29—31)

动作二：随着右脚向右侧迈出，接着重心移于右腿，左脚向右脚靠拢，以脚尖虚点于右脚旁；在重心右移的同时，两手均逆缠，右手向右上、左手向左下弧形分开。(图 32 至该式所有动作都应朝着正东方向而做，自图 29—32 四幅中所示皆其正面)

图 29

图 30

图 31

图 32

要点：

1. 此式与第三式“懒扎衣”都衔接于“金刚捣碓”，但衔接的动作不同，此式不以两手在腹前绕小圈来衔接，而是要求气贴脊背、双臂先行微开后再合拢交叉；这样来与上一拳式的劲接上，同时又表现出意欲合必先寓开，来达到特点六“相连不断”的要求；合到终点时，又要先行微合后再开，这就又表现出意欲开必先寓合。开合时皆须意注掌根，才不致产生凹凸的缺点。

2. 此式是经过两合两开后完成的。后一个合开的特点是双足开时双手合，等到双手开时双足又合，两手由双顺缠而合，由双逆缠而开。

3. 在做此式时可以检查一下，是否符合虚领顶劲、沉肩坠肘、含胸拔背、屈膝圆裆等要求，并检查在该式中以左脚尖点地和右脚踏实时是否具有支撑八面的气势。此式要求以特点五和特点四为主地表现出来。

第八式　斜行拗步

动作一：身微左转；同时，两手右顺、左逆缠，在左右两侧各缠一小圈，左手转臂上举至额前，右手下按；当两手各缠半圈时，身体向右转正；重心仍在右脚，右腿为实，随转体时以左脚尖点地辗转。（图 33－34）

图 33

图 34

动作二：身体继续右转，左脚提起，向左前（东北）斜方以脚跟轻轻贴地铲出。同时，右手略向右后（西南）斜方逆缠而上展开，至高与肩平，掌心斜朝右前方；左手顺缠，向右肩前（东南）方弧形推出，肘部仍保持弯屈。（图 35）

动作三：身体左转，重心左移，左腿变实。同时，左手继续顺缠而下，经腹前向左搂过左膝，即变勾向左上提至高与肩平；右手由外而里继续逆缠，屈臂缠经右耳旁，掌心朝右耳。（图 36）

图 35

图 36

动作四：身微右转；右手经左手旁由左前向右继续逆缠，与左手分开。（图 37）松右胯，身体微左转，两肩下沉，右手微下按，左手悬掤。（图 38 至该式所有动作，都是朝着正东方向而做的，左脚的落地点应与 39 图同，图 33－38 中所示，皆其正面）

要点：

1. 动作二的右手、左手和左足要向着三个方向同时展开。（方向详见动作说明）

2. 动作一、二中，两手动作时，看来似乎是左手经身体向右. 右手经身体向左缠转，其实是两手均在左右两方转动，并以腰为轴的身法来完成的。所以，不可光是摔转胳臂。

图 37

图 38

3. 右掌缠经右耳旁的动力，要有来自左手成勾和弓左腿的感觉。右掌经右耳旁转臂逆缠而出，要使脊背绷紧，产生气贴脊背的功用。

4. 图 37、38 两图，从外表上来看，似乎相同，其实前者内劲是双开，而后者由于肘的下沉，使全身气向下沉，内劲就变为双合。

图 39

5. 此式为左勾右掌，与“单鞭”式恰相对。该式在左右两方作此顺彼逆的缠丝，它们是在统一的条件下各自动作，能使身体感到轻松愉快。

第九式　初收

动作一：两脚尖随身体微右转；同时，左勾手变掌与右手双顺缠，向左胸前以掌根合拢，左手在前，右手合于左肘旁。（图 39）

动作二：身微右转并向右下挫，重心全部移于右腿，即旋转而起，提回左腿，左脚尖自然下垂，右膝微屈，成右独立式；当体右转时两手以左逆、右顺缠，随左脚上提而起时，变为双逆缠向下合劲，两掌心斜向前下。（图 40、41。自图 39 至 45，图中姿势的方向已转为符合于动作说明中的方向）

图 40

图 41

要点：

1. 在动作一中（图 39），两掌须在两膊相系下前后相对地合劲。身右转，两手以左逆、右顺向右转半圈时，两掌心朝下，同时右腿渐下挫；转过半圈后，两手开始上提，两掌心又前后相对；左脚提起，身体起立，成为右独立式，两掌心叉皆斜向前下合劲。双逆缠时应意注两手小指。

2. 此式是初次收回琵琶之意，要求运用右腿下挫后的弹性劲和两手微小的左逆右顺的缠丝劲使身体旋转而上，成独立姿势。

3. 此式为合劲的独立式，要达到稳定，比以开劲达到稳定要难些，关键在于顶劲领起，气沉丹田，两手逆缠以及意注两手小指，这样才易于做到稳定。

第十式　前蹚拗步

动作一：接着左脚开始下落；同时两手向右侧以左顺、右逆下缠（内劲勿丢，以继前式）。（图 42）左脚继续向前（东）下落，脚尖斜朝左前，身体左转。同时，左手顺缠转臂至胸前，掌心朝右前；右掌逆缠到左小臂上方，掌心朝左前，两臂交叉。身体继续左转。（图 43－44）

图 42

动作二：重心移于左腿，右脚向右前（东南）斜方横迈一步；同时两掌逆缠分向左右展开，两掌心皆朝外，手指朝上。（图 45 和附图 45 正面图）

要点：

1. 由两掌落于右侧而缠至胸前，要做到内劲不断；两臂交叉时须加紧一合，然后分向左右展开；展开时要意注于两掌的大指上。

2. 由独立式向左转体时上步须稳定；由上下转为左右缠

图 43　　　　图 44

丝的过程中都是合劲，并且不可有断续凹凸处。

图 45　　　　图 45 附图

第十一式　第二斜行拗步

动作与第八式“斜行拗步”动作同，唯衔接动作稍异，但仍可用第八式的说明来配合着参看图照。(图 46—48，再接图 35—38。图 46 是衔接图 45 的正面图的方向而下，其实动作

和左脚上步的方向仍与第八式同，是向着东北斜方上步的）

图 46　　　　图 47　　　　图 48

要点：与第八式“斜行拗步”要点同。

第十二式　再收

动作、方向和要点皆与第九式“初收”相同。（图 39—41）

第十三式　前蹚拗步

动作、方向和要点皆与第十式“前蹚拗步”相同。（图 42—45）

第十四式　掩手肱捶

动作一：身微左转，重心移于左腿，右腿提起；随着转体和重心左移时，右掌变拳顺缠至胸前；左掌逆缠合于右臂上侧，与右臂交叉，掌心朝右肩。（图 49）两手顺缠下沉，两臂交叉点前移；同时右脚随沉气蹬地震脚。（图 50）

动作二：左脚向左前（东北）斜方迈步，重心渐左移；同时两臂交叉点继续前移，随即两手左逆、右顺缠，向左上、右下弧形分开，右拳心朝下，左掌心朝外。（图 51—52）

图 49

图 50

图 51

图 52

动作三：身微右转，全身气向下沉。同时，右拳顺缠，向左而上经胸前收于右肋侧；左手由逆缠变顺缠移向胸前。（图53）

动作四：身微左转；同时，两手顺缠合于胸前，左掌心及右拳心皆朝上，右拳置于左掌心上（似停非停，身体继续下沉以蓄劲）。重心迅速左移，成左弓步，右腿微屈勿挺直。

同时，右拳急向右前（东稍偏南）方发出，拳心随着转朝下；左手也急收于左肋侧。(图 54。自图 49 起是衔接图 45 的正面图的方向而下，其实动作中左脚上步的方向是东北斜方，图 49—54 中所示，皆其正面)

图 53

图 54

要点：

1. 此式要求（图 51、52）表现出卷放劲：卷时要求档口下沉，才能使劲卷紧；放时要先卷紧而后分开作放劲。卷放劲是牵动劲，不可越出手足圈之外，并且它是蓄发的基础。

2. 太极拳的蓄劲要象开弓一样，要卷紧才能成为蓄。蓄并不等于弯度增大，而是指将发之前的弹性蓄足和不要有所缺陷，要求五弓（即一脊弓、两手弓和两足弓）齐逗榫。此处所谓“缺陷”，不是指劲断，而是指劲没有达到弓背上，因之弹性不足。只有练得节节贯串，周身如一家，才能成为一张韧性十足的弓，具有强有力的弹性。

3. 此式震右脚与发右拳，要表现出太极拳的刚劲。太极拳对运动与发劲是并重的。虽然陈式第一路以柔、运为主，第二路（炮捶）以刚、发为主；但是，在一路中也有刚、发的动作为辅（如掩手肱捶等），在二路中也有柔、运的动作为辅（如懒扎衣等）；这是为了达到刚柔相济和灵活转换并用的目的。

4. 拳论要求“力由脊发”、“发劲如放箭”、“发劲须沉着松静”、“专注一方”。所以要先“脊弓”以蓄劲，然后由脊“脱扣”而发，劲专注在“箭头”这一方，最后如穿透箭靶的劲一样地一震，来完成这一动作。从姿势上来讲，在发劲时，虽然一手向前、一手向后（或一上一下，一左一右），以保持平衡，但劲力仍以一方为主（实）、另一方为宾（虚），而不是双重。

第十五式　第三金刚捣碓

动作一：身微右转；同时，右拳变掌顺缠，向右后略收，左掌仍在左胁旁微逆缠以配合。（图 55）接着身微左转；同时两手右顺、左逆缠，弧形向胸前交叉、合劲，左手在上，手心朝下，右手心朝上。（图 56）

图 55

图 56

动作二：身体右转，重心右移于右腿；同时，右掌顺缠向右上、左掌逆缠向左下展开。（图57—58。自图55至57，其中左脚仍在东北斜方，左脚位置应与图58同；自图58—76，其中姿势的方向已转为符合于动作说明中的方向）重心全部移于左腿，右脚提回，以脚尖向前点于左脚前。同时，两手左逆、右顺缠，左手屈肘横臂于胸前，掌心朝下；右手随着右脚向前时向胸前上撩，两手形成合劲。（图59）

图57　　图58　　图59

动作三与第二式“金刚捣碓”动作三相同。（接图7—8）

要点：

1. 由上式掩手肱捶的开劲和发劲，转而为该式的合劲，右手必须微里收再往发劲方向前掤一下，将断劲逗接起来，使内劲不断，贯串于后面的收回双合的合劲之内。

2. 此式每一个尽量大开的半圈动作，一变收缩为极小的半圈合起的动作，要求感到遍体饱满，气势磅礴。

3. 此式与前二次金刚捣碓的不同点是，第一次中表现出太极拳中的五对方位缠丝劲；第二次是上承单鞭的开劲，转为合劲；第三次主要把上一式发劲后的断劲逗接起来。它是太极十三势的第五势的结束。

第十六式　披身捶

动作一：两手向左右逆缠展开，五指下垂，掌心朝内。（图 60）两手继续上举，转为顺缠，至高与肩平时，掌心翻朝前上。（图 61）重心全部移于左腿，右脚提起，即以脚跟向右贴地铲出，随即重心右移，成马步；同时两手继续稍上举，即随右脚右迈时向胸前顺缠交叉合拢，左掌在外。（图 62—63）

图 60

图 61

图 62

图 63

动作二：两手变拳，右拳在面前自里向右逆缠而开，即自右向前变顺缠而合，绕一整圈，拳心朝里；左手向左逆缠而开，即变顺缠随右手合时微合，拳心朝右；在右手向右绕半圈时，重心微右移，身微右转，当右手绕成一圈时，重心移回，身体转正。（图 64）

动作三：身微左转，重心左移，弓左腿。同时，两拳顺缠，右拳移至左耳前，高与头平，拳心朝里；左拳在左侧原处顺缠一小圈，以配合右拳合劲，拳心朝左前。（图 65）重心右移，弓右腿，身体右转。随转体，右拳向右下弧形顺缠至右腿旁，拳心朝上；左拳自左向右经面前顺缠，高与头平，拳心朝里，与右拳合住劲。（图 66）

图 64

图 65

图 66

要点：

1. 此式是由上式金刚捣碓的合劲转为双逆的开劲，开后变双顺缠，掌心转朝外的两手合劲，随即两手顺缠地交叉合拢；在这种平开平合时，应注意两手的虚实与两足的虚实，尤其是手与足之间的虚实。关于这点可参看特点四。

2. 动作二、三（图 64—66）是两掌变拳后的动作，须联贯为一，要在气贴脊背和以腰为轴的要求下进行动作；其关键在于特别扩大里外缠丝，并要以前一缠丝带领后一缠丝；只有这样，才能使三个图式中的动作联而为一，并使内劲不丢，在毫无凹凸的情况中变换过来，关于这点可参看特点五。

3. 此式在整个开合与合开的任何过程中，都寓有采劲，是四隅中的采劲，作为四正架子中的一种辅助。

第十七式　背折靠

图 67

动作一：身体左转折 90 度。同时，右手逆缠，弧形上举，拳心朝左；左手转臂顺缠，左弧形下落于左腰侧，拳心朝后。（图 67）

动作二：身体继续微左转。同时，右拳转臂以逆缠转顺缠，右臂弯屈于头顶前；左拳在左腰侧作极小顺缠圈后，以拳面紧贴于左腰部，随即身体微右转，以近右肩的背部向右后靠；同时裆口更加下沉，眼视左脚面。（图 68）

要点：

1. 两膊要有掤劲地相互系住，以达到开中寓合的劲；只要以腰为中轴，右背就能自然地转折过来，就无顾此失彼之患。

2. 图 68 表示右臂在头顶前的运用，须以小逆缠使臂转到头顶前；该式关键在于以左拳贴紧左腰，使右背更加绷紧，表现出背的靠劲。

3. 背折靠这一拳式所发的靠劲，在第二路炮捶中较多。此式为四隅手中对靠劲的一种，作为四正架子内的一种辅助。

图 68

第十八式　青龙出水

动作一：重心左移，身微右转。同时，右拳转臂顺缠，自上经胸前向右弧形下落于右腿侧，拳心朝上；左拳离左腰逆

图 69

图 70

缠，自左弧形上举，拳心朝里。(图 69) 右拳变逆缠自右弧形上举，又转为顺缠，缠至拳心向左；同时左拳变顺缠，屈肘横臂经胸前而下，置于腹前，拳心朝上。(图 70)

图 71

动作二：身微左转。同时，左拳变掌，以逆缠向右前方伸出，掌心朝右后；右拳顺缠屈肘下落，置于胸前、左臂上方，拳心朝里。(图 71) 重心稍右移。同时，左手顺缠下沉，掌心朝右后；右拳顺缠收卷于胸下，与左掌合住劲，绷紧脊背。(图 72) 身微左转，裆劲下沉同时，右拳转臂逆缠，突然由脊背"脱扣"，向右前以近腕部的尺骨侧发劲；左手顺缠以右拳发劲的同样速度收回，置于左腰间。(图 73)

图 72

图 73

要点：

1. 陈式太极拳不但两手运用缠丝劲，其实两腿也同时运用。该式由于迈步大，裆口宽，是腿部表现缠丝劲最明显的例子。腿部缠丝是：某腿上的一只手是顺缠时，该腿一般也随着膝盖外撇顺缠；反之，则膝盖里扣逆缠（腿部缠丝的原则，参看第二十一式“肘底捶”要点 2）。就该式图中的姿势来看，两腿好象没有动过，仅看出两臂变换动作，其实腿部也在随着缠丝。

2. 太极劲是起于脚根，发于腿，主宰于腰脊，而形于手指的内劲，缠丝则是这个内劲所经过的一条相当长的运动线路。在全身这样的线路共有两条，即自左脚跟至右手指和右脚跟至左手指，它们先后十字交叉于脊背。

3. 要将全身各个关节贯串得如一条线，就必须由缠丝的螺旋来完成。缠丝主宰于腰脊，带动两臂，而基础在两腿，如果腿部无缠丝，就不可能达到周身一家的境界。对这一点，应加以注意。

4. 此式所以称为“出水”，是因为这一种发劲，如“物将掀起而加以挫之”之意，就是说，在向下的半圈终点带有向上的劲，所以又名之为出水的抖劲。

5. 此式的发劲，属于四隅手中的挒劲，它之所以不称为“打”或“击”，是因为，挒劲是一种短距离的击打，所以又有人称它为“寸劲”。

第十九式　双推手

动作一：重心微右移，身微右转。同时，右肘微屈，右拳略收，拳心朝里；左掌前伸于右腕内侧，随即两手向外微掤（以引动后面动作）。（图 74）接着重心移于左腿，身微左转；同时，右臂顺缠向左下搬至腹前，左手小逆缠随右臂左搬掤住。（图 75）以下同第四式“六封四闭”动作一的后部说

明。(接图 16)

图 74

图 75

动作二：同第四式“六封四闭”动作二的前部说明。(图 17，接图 76，其中所不同者，该式左掌经腰部再接下一动)接着左脚尖外撇，身体向左转(胸部由朝南转为朝东)，重心全部移于左腿，右脚提回，向左前(南稍偏东)，以脚尖点地。同时，右掌顺缠继续以掌心上托；左掌逆缠收转于左胁旁，以手背掤住，掌心斜朝上。(图 77。自图 77—85，图中动作皆应身体朝东而做，图中所示皆其正面)

图 76

图 77

动作三：身体继续微左转；同时，两手顺缠翻掌分置于两耳旁，掌心斜朝外；以右脚尖点地辗转，右膝随身体转向。（图 78）右脚稍提即向右（南）迈，重心随即移于右腿，左脚向右并步，以脚尖点于右脚旁，同时身体右转；两掌合劲，随转体时向右下按。（图 79）

图 78

图 79

要点：

1. 此式与六封四闭的动作基本上相同，惟步法上的转换与双推的劲路不同。该式的推劲较刚，并在推到终点时后掌根须表现出向下一沉的挒劲，因之在一沉的速度上也较快。

2. 此式衔接于上一式发劲之后。因为发劲是求劲断，劲不断不能越出身外而加于外方，但又必须与此式相连不断地联接起来。动作一（图 74）的前部就起着接住发劲的劲的作用，并带动后面动作。“断而复连，能断能接”的要求，详见特点六。

3. 由上式发劲后，转而为合，合后再开；要在这合开之中，身体一拧腰劲，转为左后右前的双托；双托在双顺缠中要求产生合劲，为双推作好准备。

第二十式　三换掌

动作：身体右转；同时，右掌向里经胸前而上顺缠收回，掌心朝里；左掌逆缠转臂向前平伸，转为掌心朝上 。（图80）身微左转；同时，右掌顺缠掤劲推出，掌心斜朝外；左掌随转体逆缠收至腹前，掌心朝上。（图 81）身体再右转；同时，右掌顺缠收至腹前，左掌由腹前而上逆缠向前经右臂上侧掤劲推出 。（图 82）动作时，随着身体的转动以左脚尖点地于原地辗转，左膝随转体方向转动。

图 80

图 81

图 82

三换掌这一式，两掌交替伸出、收回时动作要圆活，腰胯微右转时左掌伸出，腰胯微左转时右掌伸出，腰胯旋转两个来回，左掌前伸两次，右掌前伸一次，故称三换掌。三换掌是缠拿方法，因此掌前伸不是击出，而是圆转地缠拿对方的劲路和骨节。重心虽然都在右腿，但由于动作往复时的开合，腰裆在旋转地开合，带动两腿膝节也在旋转地开合，仍然是“一动无有不动”的。

由于此式与下一式的动作是紧接着毫不间断的，又因两式要点有相同之处，因之，此式要点也并在下一式中。

第二十一式　肘底捶

动作：紧接着身体再左转；同时，两手左逆、右顺缠，左手向左下、右手向右上分别展开。（图 83）身体继续微左转；同时，两手左逆、右顺微缠至与肩平，两掌心皆朝下（为肘底捶开始的阶段）。（图 84）身微右转。同时，两手左逆、右顺缠地合劲，在合的过程中，左臂由逆缠转为顺缠，随缠随将左小臂竖起，掌心旋缠为朝右；右掌变拳顺缠自右向前屈肘向左合劲，经左臂下方划一个小圈后，置于左肘下方，拳心朝里。（图 85）

图 83

图 84

图 85

要点：

1. 上式与此式的特点，是在紧凑动作之中达到节节贯串和一动无有不动。因此，左膝也以左脚尖点地辗转为轴而随体的转动而旋转；但须注意，“虚”非全然无力，“实”非完全站煞；关于这点，可参看第五式“单鞭”要点 1。

2. 要达到太极拳节节贯串和一动无有不动的要求，其关键在于运用全身的缠丝劲，只有经过了缠丝，才能使劲起于脚根，节节贯串地形于手指。因之，腿的缠丝与手的缠丝处于同等重要的地位，动作说明中没有提到腿的缠丝，是因为腿与臂的缠丝（除提腿独立和解脱擒拿外）都是上下一致的。其原则如下：（1）凡手为顺缠，该手下的腿（膝）也是由内向外地顺缠；（2）凡手为逆缠，该手下的腿（膝）也是由外向内地逆缠；（3）凡右腿向外顺缠，左腿就向内逆缠，反之如是；（4）比方起于左脚跟的逆缠，发到腿上当然是逆缠，上升到胯后，自然斜着通过腰脊，形成脊背左侧绷紧、右侧松，再转到右臂上去，右手就成为顺缠了。所以，手足缠丝是前后交叉通过脊背，自然地形成周身一家的作用。

3. 上一式是在紧凑的双合中达到节节贯串和全动，此式是在大开展的动作中表现出一动无有不动。最后，由于转身一合，缩小了缠丝圈，紧紧地双合起，内中劲别虽不同，但是牵动往来、气贴脊背是一样的。因之，应注意到脊背的运用。

4. 由上式直做至此式终点双合时，更须促使顶劲虚虚领起；在练拳日久后，练到此式会使劲节和胸椎上部骨节格格作响，这是练拳日久后自然产生的现象，不宜强求，以免产生流弊。只有做到这个境界，才足以证明在该式的动作中，已达到全动和关节松开的要求。

第二十二式　倒卷肱

动作一：重心右移。同时，左掌经面前逆缠而下；右拳变掌自左肘下经腹前而右向上由顺缠转逆缠，弧形缠至右颊旁，掌心斜朝左前方。（图 86）左脚提起，经右踝旁向左后（西北）斜方以弧形撤步，重心随着后移，左腿变实。同时，右掌逆缠向前推出；左掌在胸前经前伸的右小臂下侧交叉而过，即由左下方随左脚后撤时向左后弧形展开。（图 87 和 88 附图及正面图。图 87、88 两图中姿势的方向已转为与动作说明中的方向相符。前面的图 86 和以后的图 89－92 中所示皆其正面，其实都应与图 87 和 88 附图的方向同，都是胸部朝着正东方向做动作）

图 86

图 87 附图

图 87 正面图

图 88 附图

动作二：两手和两腿各顺缠一小圈（以转劲），接着重心左移。同时，左掌自左而上由顺缠转逆缠，弧形缠至左颊旁，掌心斜朝右前方；右掌以小顺缠到大顺缠，自右而左缠经胸前而下。（图 89）右脚提起，经左踝旁向右后（西南）斜方以弧形撤步，重心随着后移，右腿变实。同时，左掌逆缠向前推出；右掌在胸前经前伸的左小臂下侧交叉而过，即由右下方随右脚后撤时向右后弧形展开。（图 90）

动作三与动作二相同，惟左右相反。（图 91，再接 88 的正面图）

图 88 正面图

图 89

图 90

图 91

要点：

1．此式是由开而合，又由合而开。开后再合和再开。这种特殊的开中寓合、合中寓开的动作，是在连续后退中完成的。

2. 在连续后退中，并不是一顺溜地后退。根据“进退须有转换”的要求，在两个退步的动作中，夹着一个双开的姿势和内劲的转换。这样，才不觉得是一顺溜地后退，而觉得在继续运用前后的开劲。同时，有了转换，就成为退中有进，进即是退，退即是进，进退自如，使之成为具有支撑八面的太极拳后退法。

3. 倒卷肱为太极拳唯一连续后退的拳式，它要求在后退中夹着微小的顺逆缠丝，并要做得圆转顺遂，使无缺陷凹凸之处和内劲中断的缺点，合乎特点六的要求。

5. 此式也可作形于外的发劲，即撤步后退至落点时，足跟蹬地作声，同时前手劲往外发，后手用沉劲沉住。

第二十三式　退步压肘

动作一：身微左转。同时，左掌转臂顺缠，向左下方展开，掌心朝下；右掌逆缠斜向右上方展开，掌心朝外。（图 92。该图上接图 88 的正面图而下，因此，自图 92－96 中所示皆正面，实际上仍应胸部朝东进行动作）身微右转。同时，右掌顺缠向前而里，变逆缠向右绕一圈；左掌随右掌自右前绕时微向左移，即随右掌右绕时顺缠向右划弧至右胁前。（图 93）

动作二：重心移于左腿，身体左转，右脚提起脚跟，以脚尖贴地，经右踝内侧向右后（南稍偏西）斜方撤步，至落步点时脚跟落步震脚，并重心后移，身体同时右转。随身体左转，同时右掌顺缠，弧形收回，以手指贴于左腹；左肘经右掌里侧上掤，左掌逆缠，以手指背部贴于右胁而上；随着身右转和右震脚，同时左掌向左前方斜掌推出，右掌以手指

贴着身体移于右腹。(图 94—95)

图 92

图 93

图 94

图 95

要点：

1. 此式在两臂环抱合住（图 94）如一整圈时，要成为坚韧弹性的挤劲；它的着重点是，在气贴脊背之下，绷紧背皮来揉动脊背；同时是蓄以待发之际。

2. 图 94 虽已将右脚后撤，但尚未震脚，震脚须与发左掌相协调一致，以形成开劲，如图 95 中姿势。

3. 退步压肘是短距离的补发劲，要柔中寓刚；在裆劲下好，用丹田劲以左掌沉劲发出的一刹那间，要和右足跟的震地作声一致，使全身劲力完整。

第二十四式　中盘

动作一：身微左转，即右转。左掌随身左转微向左移，即随身右转，臂自左向右上逆缠到右肩前，掌心朝上；同时右掌逆缠转向右后上举，掌心朝右。随着右掌上举，右脚提起。（图 96）

动作二：身微左转，右脚落于左脚旁，先以脚尖着地，紧接着以脚跟蹬地震脚，重心即移于右腿，左脚跟提起。随着右脚落地时，右手逆缠（屈肘以肘尖经左掌上侧）自上划弧至左肩前；左掌顺缠下移于右胁下，掌心朝上，两臂交叉于胸前。（图 97，附图 97 的正面图。图 96 的方向与 97 正面图方向一致，实际上图 96 也应胸部朝东进行动作）

动作三：身微左转，左脚向左后（北稍偏西）斜方横开

图 96

图 97

图 97 附图

一步，屈膝下蹲；同时，两手顺缠外掤，掌心转向外下，随左脚开步时双臂微合，两掌心转朝里，随即两手左逆、右顺缠，左手向左上、右手向右下方分别展开，两掌心皆朝下。（图 98—99，附图 98 与 99）

图 98

图 98 附图

图 99

图 99 附图

要点：

1. 此式在开始时应注重于顺逆缠丝的大小。为使动作得势和得劲，当右掌经左肘下时应紧缩圈径，这也是大小顺逆缠开始形成的时候。在双开前要吸气，转为双开时要呼气，一直呼到两手开至定点为止，这也是使此动作达到神气鼓荡的方法之一。

2. 双合（图 98）时，要求合中寓开，其关键在于双合之前，须气贴脊背，双掌交叉双合时掌心须向外下一转，这样就可以在合中寓有开劲；如没有达到合中寓开，就会将劲团住在身上，失去弹性，成为匾病。

3. 此式在身体中正下蹲时，裆口须宽。这样，就会使会阴之气自然从尾闾上升，这是很有利的。但是，下蹲时裆口的高度不得低于膝，以免形成荡裆，如有荡裆，会使两脚外侧虚浮，因而又使虚实变换产生了濡滞，所以也同时应避免腿部的双重病。

第二十五式　白鹤亮翅

动作一：身微左转，右脚向左并步，以脚尖点于左脚尖旁。同时，右掌转臂顺缠经腹前向左划弧，掌心朝上；左掌逆缠经面前向右屈肘合于右臂上侧。（图 100，附图 100 的正面图）右足向右前（东南）斜方迈步。以下同第七式“白鹤亮翅”动作二。（接图 31－32）

图 100

图 100 附图

要点：

参看第七式“白鹤亮翅”要点。

第二十六式　斜行拗步

动作与要点皆同第八式“斜行拗步”（接图 33—38）。

第二十七式　闪通背

动作一与第九式“初收”动作一相同（接图 101）。

动作二：重心移于右腿，以右脚跟为轴，身体向左后（胸部转朝北）转，左脚随转体弧形后退，以脚尖点于右脚旁。同时，右手顺缠，翻为掌心朝外；左手逆缠，经腹前向右合劲，以掌贴于右小臂下侧，掌心朝里。（图 102，附图 102 的正面图）

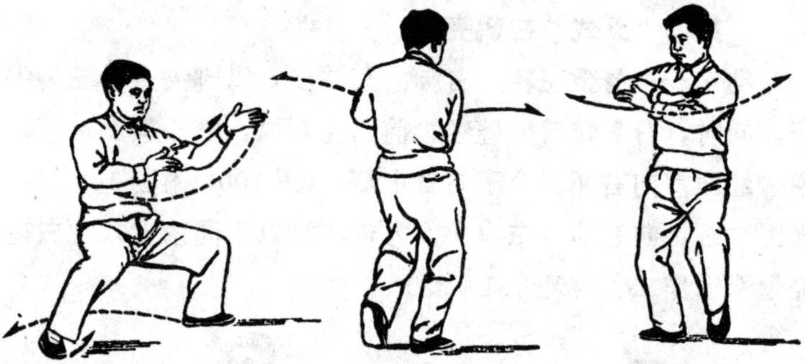

图 101　　图 102　　图 102 附图

动作三：身微下蹲；同时，两手微顺缠稍合，即转为逆缠向左右分别展开（意注小指），左手向里屈腕使掌心朝里，右手横掌、腕部上翘，使掌心朝外。（图 103，附图 103 的正面图）

动作四：以右脚跟为轴，身体右转；以左脚尖点地辗转，左膝随转体转向。同时，右手向左里合于左腹侧，掌心朝上；左手顺缠，随转体屈臂向前平推，掌心朝前。（图 104，附图 104 的另一侧侧面图）左脚前迈一步，随即重心前移，左腿变实。同时，左掌经胸前向左而后置于左胯旁，掌心朝右下；右掌顺缠向前伸出，掌心朝上。（图 105，附图 105 的另一侧侧面图）

图 103

图 103 附图

图 104

图 104 附图

动作五：以左脚跟为轴，身体迅速向右后转，右脚以脚前掌贴地随转体向右后转半圈，即以脚跟蹬地震脚。随转体，右手顺缠里转至掌心朝外，随转体弧形下按至右胯旁，掌心朝下；左掌屈臂上翻，经左耳旁向前下方推出。（图 106，附

图 106 的正面图)

图 105

图 105 附图

图 106

图 106 附图

要点：

1. 动作四中(图 105)左脚上步与右掌前伸要一致；动作五中(图 106)右脚跟落地震脚与右手下按、左手前推须一致。

2. 气功内所谓“通三关”，即要求气通过尾闾关、夹脊关和玉枕关，它包括整个脊柱交感神经和副交感神经。气功的坐卧站三功是采用静功法任其自发地通过三关的，而太极拳的这种行功，则是动中求静，在一动无有不动的过程中，通过专一而动，使意志集中，以求得动中之“静”。拳论云：“心不静，则不专，动作全无定向矣”。太极拳行功，由于具有一定指向的动作和意识的相互辅助，同时，在行功过程中，内劲与外形又要做到尾闾正中神贯顶、气沉丹田海底间和含胸拔背、开胯圆裆，促使气从裆中过来。这样，就锻炼了这一条全身前下后上的循环大道。日久之后，使气功中的“通三关”可不去求通而自通。

3. 此式是完全以通脊背为主的运动。图 101 是通过颈部椎骨的姿势，图 102 是通过胸部上几节椎骨的姿势，图 104 是通过胸部下几节椎骨的姿势，图 105 是通过腰部椎骨的姿势，图 106 是通过骶部椎骨的姿势。这是专就某图以某几节为主的动作，并不是说其他节就不动了，因为太极拳是一动无有不动的。

4. 《陈氏太极拳汇宗》（此书为陈鑫所写，陈绩甫编印，分为上下两册）中“海底针”这一拳式，它是两腿横开，右掌虎口叉开下落在两腿中间，这对通背作用和气从裆中向后、并由尾闾上升脊背，是有一定帮助的。

第二十八式　掩手肱捶

动作一：两手分向左右开劲。（图 107，附图 107 的正面图）以下同第十四式“掩手肱捶”动作一、二、三、四，惟方向不同；第十四式完成时，左脚在东北，右脚在西南，而此式完成时，左脚在西南，右脚在东北。（图 108—109，再接

图 52—54）

图 107

图 107 附图

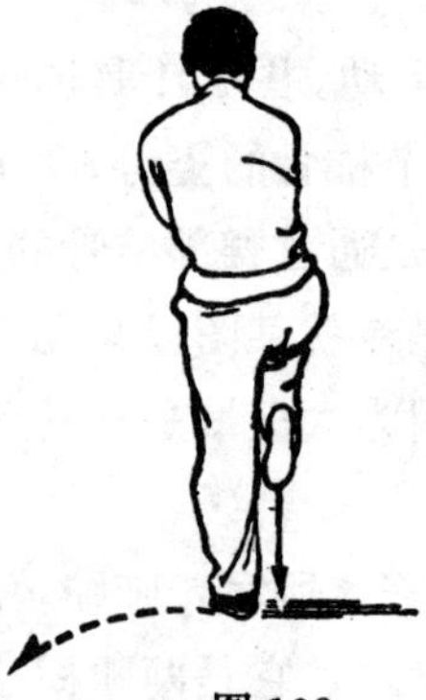

图 108

图 109

要点：

与第十四式“掩手肱捶”要点相同。

第二十九式　六封四闭

动作一：身微左转，重心微后移；同时两手先各在原处旋臂划一小圈（以引起动作），即右手大顺缠转臂掤至腹前，左手小逆缠掤至胸前，两手形成合劲。（图 110）身微右转，重心前移，左腿变实；同时，右手转臂顺缠、左掌小逆缠，两

手合住劲，向右上方弧形挤出。（图 111）

图 110

图 111

动作二：身体左转，重心全部移于左腿，右脚向前提起。同时，右手顺缠上托；左手逆缠转臂，以手背一侧腕关节弧形向左上掤，五指下垂。（图 112）身体继续微左转，右脚前迈一步；同时两手顺缠翻掌分置于两耳旁，掌心斜朝外。（接图 19）以下同第四式“六封四闭”动作二后部的说明。（图 20）

图 112

要点：

参看第四式“六封四闭”要点。

第三十式　单鞭

动作和要点皆与第五式“单鞭”相同。（图 21—25，后接图 113）

第三十一式　运手

图 113

动作一：身体左转，右膝微伸不挺直。同时，右勾手变掌顺缠，向左弧形上移至右额前，掌心朝左；左掌自里向左外顺缠微伸，臂部不挺直，掌心朝下。(图 114)身微右转，左脚向右靠拢半步，以脚尖点地，右腿变实。同时，右掌顺缠转为逆缠向右展开，掌心由朝下转为朝右；左掌自左而下经腹前向右顺缠至身右，掌心斜朝右上。(图 115）身微左转，左脚向左横开半步。同时，右手弧形下落，掌心朝下；左手顺缠转为逆缠，转臂翻掌朝外，向上划弧。(图 116)

图 114

图 115

动作二：重心移于左腿，右脚经左脚后向左(东)偷出一步，身微右转。同时两手顺缠，左掌转臂经面前弧形逆缠左运，掌心转朝左；右掌转臂经腹前弧形向左逆缠运起，掌心翻朝左上。(图 117)身体继续微右转,左脚向左(东)横开一步。同时两手顺缠,左掌转臂自左而下经腹前向右逆缠运起,掌心斜朝右上;右掌转臂自左而上经面前右运,掌心朝右。(图 118)重心渐左移,身微左转。同时,右掌弧形下运,掌心朝下;左手顺缠,转臂翻掌朝外逆缠上运(接图 116)。

图 116

图 117

图 118

图 119

动作三、四皆重复动作二。(接图 117－118 再接 116－118,后接 119)

要点:

1. 此式须注意上下相随的虚实要求，检查一下是否明显地把这要求表现了出来：就是某一手旋转到上挪为虚时，重心就必须渐渐移到该手下面的腿上，此腿即变为实；一待上挪过后转为下握，则此腿即须转变为虚。这样做，就将两手的虚实和两足的虚实统一于整个上下虚实之中，形成处处总有此一虚一实（提腿独立、解脱擒拿时除外)，达到了意气灵换的要求，产生圆活如珠的趣味。

2. 由于此式横向动步，因此极易表现出对圆裆的要求。圆裆是产生腿部缠丝暗劲所必具的形式。正确而标准的圆裆，就是不要形成高站而尖裆、低站而荡裆，要求在不尖不荡的情况下进行动作，以达到正确的圆裆。

3. 运手是太极拳中唯一锻炼双顺转双逆的大缠丝的拳式。此式须充分表现出腰脊联合为一，成为球形车轴的作用，其关键在于它不是平面地左右缠丝，而是具有里外缠丝的成分，并以之作领导。通过这个要求，进而可以检查一下“气贴脊背”是否贴得紧，腰如圆轴是否圆得活。

第三十二式　高探马

动作一：身体左转，重心左移，右脚向右前（西南）斜跨半步。同时，左手逆缠，收至胸前；右手顺缠，经腹前向左合拢，两臂交叉于胸前，右臂在外。(图 120）两臂先微合，收缩交叉圈，随即两手逆缠分向左右展开，掌心斜朝下；重心在两臂微合时稍右移，两手展开时再左移。(图 121)

动作二：身体左转，重心移于右腿。同时，右手转臂逆缠至右手旁，掌心斜朝里；左手小顺缠向右合，掌心朝上。(图 122)以右脚跟为轴，身体继续左转，重心全部移于右腿，

图 120

图 121

左脚提回，经右踝内侧向后（西）撤步，以脚尖点于右脚旁，两脚距离同肩宽。同时，左掌屈臂逆缠收回至左腰侧，掌心朝上；右掌顺缠向前推出，掌心朝外。（图 123—124，附图 124 正面图）

图 122

图 123

要点：

1. 动作二的后一部分，右掌推出、左掌里收与左脚撤步要协调一致。

2. 此式上承运手双开之后，因此在做合开动作时，必须注意“意欲合必先寓开，意欲开必先寓合”的要求。也就是在合之前，先将两掌根向下一沉，再双合起来，合后再开之前，也须先收紧一下合圈，再向左右双开。

图 124

图 124 附图

3. 当右手绕一小圈收至右耳旁时，须气贴脊背，先行卷劲。只有卷足再放，才能放出一种旋转的按劲。

4. 此式在右手前推高探时，须具有支撑八面之势。此式与斜行拗步的不同点是，斜行拗步的右手经右耳旁是向左右分开的劲；而此式是前后开中寓合的劲，并要求在缠丝线路中没有凹凸和内劲中断的缺点。

第三十三式　右擦脚

动作一：右手小顺缠下搬至腹前，掌心朝左，手指朝下；左手自腰侧转臂逆缠至胸前，掌心朝上。（图 125，附图 125 的正面图。图 125 中的姿势在图 125 的正面图之后，是已经将要向右掤出之时）身微右转，重心仍在右腿；同时，两手左逆、右顺缠，左手附于右小臂内侧，以右小臂向前掤出，高与肩平。（图 126，附图 126 正面图）

动作二：身微左转。同时，左手逆缠，自右而下经腹前向左展开，掌心朝右；右掌顺缠稍下移，掌心朝下，两臂展开（此时肘尖朝下一沉，为开中寓合）。（图 127，附图 127 的正面图）身微右转，右手转臂顺缠向里合至胸前左方，左手自左而上向右划弧至右臂上方，两臂交叉；同时左脚经右脚前向右横跨一步，脚尖朝前。（图 128，附图 128 的正面图）

图 125

图 125 附图

动作三：右脚脚面绷平向右前上踢；同时，两手顺缠向上经面前向左右分开，掌心朝下，右掌即逆缠迎击（带擦）右脚面，左掌也随着向左后逆缠下拍。（图 129，附图 129 的正

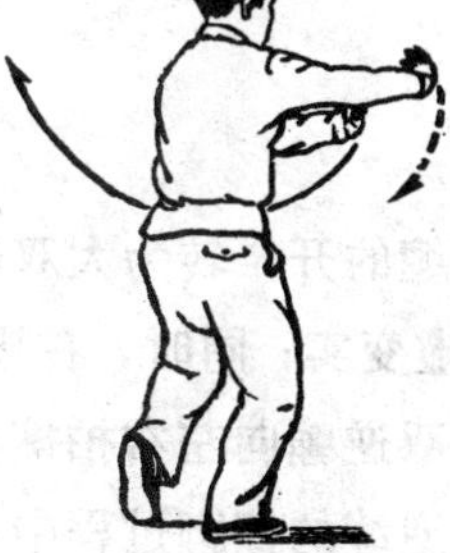
图 126

图 126 附图

图 127

图 127 附图

图 128

图 128 附图

面图）

要点：

擦脚的主要动作是以里大双顺缠的开，转为大双顺缠的合；在两臂双合时，左腿横跨，由虚变实；同时，右腿变虚，即以右脚上踢，这时两臂即转为大双逆缠向左右拍擦；此时应注意两手的小指。在这样大顺大逆缠的擦脚过程中，使左腿独立稳定的关键，在于上踢的右脚面平直作用上。

图 129

图 129 附图

第三十四式　左擦脚

动作一：右脚收回，向右（东）下落，脚尖外撇踏实，身体同时右转，重心移于右腿，左脚跟离地提起；同时，两手顺缠自左右而下向胸前合拢交叉。（图 130，附图 130 的反面图）身体微右转；同时，两手顺缠向上经面前向左右分开，掌心朝外。（图 131）

动作二：左脚绷平脚面向左前上踢；同时，左掌逆缠迎击（带擦）左脚面，右掌也随着向右后逆缠下拍。（图 132）

图 130

图 130 附图

图 131

图 132

要点：

1. 在一合一开的转换时，要保持稳定，亦即在重心移至右腿上时，必须由两手合劲将左腿提起。同时，重心右移时身体要中正。

2. 要在两手左右分开时提起左腿，再把左脚向上踢出；踢出的方向是在左侧与前方的中间，也就是与拳路成 45 度为宜。

第三十五式　蹬一根

动作一：左脚收回提起，以右脚跟为轴，身体向左后转 135 度；同时，两手以顺逆缠向胸前交叉；在转体的同时，两掌变拳逆缠一个圈交叉合劲于胸前。（图 133，附图 133 的正面图）

动作二：随即左脚脚尖翘起，以脚跟向左（西）蹬出；同时两拳提起，经胸前向左右分别发出，拳心朝下。（图 134，附图 134 的正面图）

要点：

图 133

图 133 附图

图 134

图 134 附图

1. 在身体一转时要保持稳定；转身时，要将提起的左脚脚面尽量绷平，使脚尖朝下，以减轻左腿的下垂重量。转身须运用两臂双逆缠时的惯性来把身体带转过来。所以，有人称为“挂树蹬脚”，因为两臂在上双逆一转，好像两手挂在树上一样。此式还须注意立身中正、气沉丹田与顶劲不丢等要求。

第三十六式　前蹚拗步

动作一：左脚收回提起；同时，两手变掌，左手顺缠划弧至胸前，右手微逆缠，两掌心皆朝右。（图 135）左脚脚尖外撇向左（西南）下落，身体左转。同时，左手顺缠转臂至胸前，掌心朝右前；右掌逆缠到左小臂上方。掌心朝左前，两臂交叉。（图 136）

图 135

图 136

动作二与第十式“前蹚拗步”动作二同，惟方向不同。第十式中右脚是向东南斜方迈步，而此式右脚是向西北斜方迈步。（图 137）

要点：

与第十式“前蹚拗步”相同。

第三十七式　击地捶

动作一：身体右转，右脚尖外撇，重心移于右腿，左脚提起，经右踝内侧向左前（西南）斜方上步，随即重心左移。同时，左掌顺缠，自左经面前右移变拳，拳心朝里；右掌由顺转为逆缠，向右后划弧变拳，拳心朝前上（图 138）。

动作二；身微左转。同时，右拳顺缠至右耳旁，拳心朝里；左拳顺缠，经胸前而下向左侧下落；拳心朝上。（图 139，附图 139 的正面图）身体继续微下蹲，左腿继续前弓。同时，

图 137

图 138 附图

左拳逆缠屈肘向左上提起，拳心朝下；右拳逆缠向前（由外向里逆缠一小圈）下击，拳心朝里。（图 140，附图 140 的正面图）

图 139

图 139 附图

要点：

1. 此式的重点，是要在俯伏中达到“尾闾正中神贯顶”的要求，只要尾闾正中了，才会使身不倒向前面，也就是由于尾椎下压，可使整个脊骨贯串；只要脊骨上弹性充足（三关大道开放了），就可一弹而起，任何重压都是压不住的；倘若尾闾一倒，失去弹性，则伏地不能再起了。

图 140

图 140 附图

2. 要在俯伏中顶劲不丢，也就是由于两拳以双顺缠的劲在地面上对划一圈，这样不但揉动了脊背，而且头顶上也同样转一个小圈。所以又名为“神仙一把抓”，就是抓了一圈后变为拳，然后再在地面上转一个圈，并向下击打，如同拨开地面尘土后，将物件栽种下去一样，因此又名栽捶。

第三十八式　翻身二起脚

动作一：身体右转，重心在左脚，右腿微伸不挺直；同时，左拳屈臂随转体微下移，右拳转臂、屈肘、屈腕上举，两拳心皆朝里。(图 141，附图 141 的正面图) 以左脚跟为轴，身体继续右转，脚随转体收回半步，以脚尖点地。同时，右拳顺缠向身体右侧下落，拳心朝上；左拳逆缠自左而前屈肘上举，拳心朝里。(图 142) 重心移至左腿，左腿下蹲（加强左腿弹性）；同时，右拳转臂逆缠自身后弧形上举，左拳逆缠向身体左侧下落。(图 143)

图 141

图 141 附图

图 142

图 143

动作二：重心前移，右脚跟落地踏实，左脚绷平脚面向前上方踢起；同时两拳变掌逆缠，右手向前上、左手向后下划弧，右掌心朝前，左掌心朝里下。（图 144，附图 144 的正面图）左脚尚未落地，右脚即蹬地跃起，向前上方绷平脚面踢起，右掌即向前迎击右脚面，随即左脚落地，左掌在右掌迎击右脚面时向左平举。（图 145—146，附图 146 的正面图）

图 144

图 144 附图

图 145

图 146

图 146 附图

要点：

二起脚是训练弹跳的动作，是左右两脚相继离地跃起踢出的，所以又称为踢二起。陈式太极拳的二起脚，有四种练法，可根据练者的身体强弱和目的来选择。兹按由易到难的次序，列举如下：

（1）以一起来代替二起，就是仅以右脚上踢，以右掌迎击右脚面，而没有两脚腾空的过程，但练时仍要具有二起的上提劲；

（2）即按上述动作说明的方法进行锻炼，其特点是，以扩大缠丝圈的大开大展来协助身体的跃起和二踢；

（3）减少动作和缩小缠丝圈，仅缠一圈，即两脚相继腾空踢起；

（4）在击地捶后，翻身一转，两脚即行相继腾空踢起，这是最简单的一种，也是难度最大的一种。

第三十九式　兽头势

（又名护心捶或打虎式）

动作一：右脚下落尚未着地，左脚即跃起；同时两手自左而上向右上方顺缠抡起（两手要具有领劲，领着身体凌空而起，像篮球投篮式。如身体较弱者，可将右脚先落地，左脚再提起，不做腾空过程的动作）。（图 147，该图是衔接图 146 的正面图而下的，因此自图 147—151 仍应胸部朝东进行动作）随即右脚落地，右腿下蹲，接着左脚向左后（西北）斜方横出一步，仆左腿，左膝微屈；身体同时右转；两掌随转体向右前方下落，掌心朝右下。（图 148）身体左转，重心左移，弓左腿，蹬右腿，右膝微屈；同时两掌变拳转臂左逆、右顺缠，左拳经腹前向左上缠使拳心朝左，右拳自右缠至胸前，拳心朝左上（成左打虎式）。（图 149）

动作二：身微右转，右脚向左稍移，以脚尖点地；同时，左拳逆缠屈臂里收至与头平，右拳顺缠屈臂里收至胸前。（图 150）身体继续微右转，左腿下蹲，右脚跟里侧贴地面，向右前（南稍偏东）铲出成仆步；同时两拳左逆、右顺缠随身体

图 147　　　　图 148　　　　图 149

下蹲下沉。(图 151) 身体继续微右转，重心右移，弓右腿。同时两手转臂逆缠，左拳随转体右移，拳心朝右后；右拳经胸前而下缠至右腹侧，拳心朝里。(图 152，该图所示姿势为正面，其实两脚所踏处，仍如上图原地未动，自图 152—154 所示也仍是胸部朝东进行动作) 身体继续微右转。同时，左拳经胸前向左顺缠至左腰前，拳心朝里；右拳自右后而上，转臂屈肘逆缠至右耳旁，拳心朝下。(图 153) 身体左转，重心微左移，左膝微屈；左拳向里微收至腹前，右拳转臂、腕里屈向前伸出，两拳心皆朝里。(图 154)

要点：

1. 此式要求里外缠丝的成分多些，并要求在里外动作之中来达到节节贯串、周身一家。与前比较，这是需要进一步练习的。这一拳式是易于明显地表现出一动全动的要求的。

图 150

图 151

图 152

图 153

图 154

2. 由于里外缠丝成分多，就促进了腰脊联合作主宰的作用，而主宰之中又是以脊背居于第一位(为引进落空的主要缠丝)。所以此式在太极拳运劲中为锻炼里外、顺逆缠丝劲的主要形式之一。

3. 此式动作起来裆口要求低（但低不过膝），它在变换腿中虚实时，尤易感到会阴（前后阴之中部）之气上冲尾闾，这是表现在此式内的圆裆的主要要求。

4. 此式中的外顺缠的掤劲和内逆缠的捋劲，要求在转弯抹角变换掤攌缠丝面时，其螺旋形动作都能达到皮肤上，且无缺陷存在于内；这就是说，只有在皮肤上的螺旋才能达到缠丝劲的牵动作用（缠丝劲是不是能达到皮肤面上而无缺陷，在此式中最易表现出来）。

第四十式　旋风脚

动作一：身微左转，重心左移，左腿微弓。同时左手顺缠向左下翻至左腹前，拳心朝上；右手顺缠微向右前翻至腹前，拳心朝里上。（图 155，此图中两脚所踏处仍如上图原地未动，胸部仍朝东，由胸部朝东方向开始此式动作）身体右转，重心右

图 155　　图 156　　图 157

移，弓右腿，左腿伸而不直；同时两拳变掌逆缠，经胸前向右展开。（图 156）两手逆缠向右而下，变为右顺、左逆缠地上转，左掌经腹前向左上划弧至高与头平，掌心朝外；右掌弧形缠至腹前，掌心朝左。同时重心左移，右脚向前提起。（图 157）

动作二：右脚脚尖外撇向前上半步，体重前移，左脚随着提起；在右脚提起上步的同时，两手顺缠，右掌前推，左掌经面前向右弧形下落，左小臂落在右小臂上，两臂交叉合

劲，两掌心皆朝下。（图 158）两臂顺缠分向左右展开，掌心皆朝后；同时，左脚自后下向上以裹劲弧形裹起，以脚内侧与左掌相迎击。（图 159，此时胸部该朝南）以右脚跟为轴，身体向右后转（180 度，胸部朝北）；随着转体的同时，两手由开转为里合，向胸前交叉，左臂在上；左脚也随转体自上向右后扫转。（图 160）身体继续微右转，左脚落地；同时两手缩小合劲圈，左掌心朝下，右掌心朝里。（图 161，附图 161 的正面图，图 161 的正面图是衔接于图 160 之后，其实是胸部朝北，而自图 161 起已与动作说明中的方向相符）

图 158

图 159

要点：

1. 旋风脚是一脚站立、一脚悬空的扫裆腿劲，前四个图是表现旋风扫劲前的开合（从图 158—161 来完成旋风脚的旋扫劲）。

2. 图 159 表示旋风脚的扫起，左掌与左脚侧拍后转体，在转的过程中，要求左腿微弯不直地横转过来，但不允许屈着腿转过来；这是对腰劲和右手平衡的训练，需要花些时间

图 160

练习。

3. 陈式太极拳为了适应于不同的对象，有些动作分为难易两种练法。此式另一种练法是(从图 158 开始)先将右腿上前半步，左脚跟提起，双手交叉于胸前；接着左脚向前上踢（不是横扫），踢后屈膝收腿转身下落（不

图 161

图 161 附图

是直着腿横转过来)；左腿落实后，提起右脚横着脚跟蹬出。其不同点，是去掉横扫的劲，改变为踢脚和蹬脚两个动作。

第四十一式　蹬一根

动作一：身微左转，重心微左移；同时，两掌心翻朝前，并收缩交叉圈，随即两掌逆缠经腹前分向左右展开（意注于两手小指)；身体随两手分开时转正，裆口更下沉。(图 162) 身微左转，重心左移，右脚收回，以脚尖点于左脚旁；同时，两掌变拳顺缠，自左右而下向腹前合住劲，两小臂交叉，左臂在上，拳心皆朝里下。（图 163，附图 163 的正面图）身体继续微左转（全身掤劲不丢），两臂缩小交叉圈（以蓄劲），右脚提起。（图 164，附图 164 的正面图）

图 162

图 163

图 163 附图

动作二：两拳顺缠分向左右发劲；同时右脚勾起脚尖、以脚跟向右侧蹬出发劲。（图 165）

要点：

1. 此式与第三十五式“蹬一根”的不同点是，前一拳式蹬左脚，此式蹬右脚。做这个蹬一根，要在蹬前先作好充分的蓄劲，然后再发，以达到“蓄而后发”的要求。

第四十二式　掩手肱捶

动作一：右脚提膝收回，左脚独立；同时，右拳顺缠下落于裆前，左拳顺缠微向下落。（图 166）以左脚跟为轴，身体右（东）转。同时，右臂外转向里顺缠，自裆前而上，随转体向右侧弧形下翻至右腿旁，右臂下垂，拳心朝上；左拳转臂逆缠由里下转向外上，竖起左小臂，拳心朝里。（图

图 164

图 164 附图

图 165

167）

动作二：两拳变掌在胸前一合，双顺缠下落，右手稍低于左手，右腿仍提起。（图 168）两掌自左右上举，将身体领起（如篮球运动中两手投篮的双领劲），右脚尖上抬。（图 169—170），两图中身体领起后，仍应与图 168 方向相同，该两图所示为其正面和侧面）右脚平掌蹬地震脚，身微右转，左脚向左前（东北）方迈步，两腿屈膝下蹲；同时，右掌变拳逆缠至左腹前，左掌逆缠向胸前里收合拢，左掌置于右肘上方交叉。（图 171）

动作三：右拳转臂顺缠向右下，左掌逆缠向左上弧形分开，右拳心朝下，左掌心朝外。（接图 52，图 51 即图 171 姿

图 166

图 167

图 168

图 169

图 170

图 171

势）

动作四与第十四式“掩手肱捶”动作三相同。（接图 53—54）

要点：

1. 蹬后的右腿不落地。由于两拳顺缠后收回，带动右腿收回；在收回的过程中，由于两拳左向前、右向后的双翻，使收回的右腿和独立的左腿稳定下来。

2. 要求顶劲上领，气向下沉，沉肩垂肘，左足平实踏稳。就自然独立稳当。

3. 此式与第十四式“掩手肱捶”的重点，皆在发劲，惟衔接动作各不同。

4. 此式在转身蹬脚之后，转为两手上下翻转地合住劲（图 167）；合后两手一分，产生开劲（图 168）；分后两手紧接着上举和两掌上托，如捧住篮球跃起，并向篮内投进去一样，这样可将身体领了起来。

第四十三式　小擒打

动作一：身体右转。同时，右拳变掌大逆缠、屈肘，掌心朝下，虎口张开；左掌自左胁侧小逆缠至胸下。（图 172，附图 172 的另一侧侧面图）右脚脚尖外撇向前上步；同时，右掌向前顺缠翻掌使掌心朝上，左掌顺缠交搭于右小臂上。（图 173）紧接着左脚向前上一大步，脚尖微里扣，仆腿；同时两掌逆缠翻掌，右掌向上、左掌向前下分开以掌根突然削出。（图 174）

动作二：紧接着，身微右转。同时，右掌自右上顺缠下落于右肋旁，掌心朝肋；左掌顺缠自下上转，小臂竖起，掌心朝前上。（图 175）重心左移，弓左腿，身微左转。同时，左掌逆缠转臂微落，右掌顺缠自上向左，两掌交叉内合的向左（东）发劲。（图 176）

图 172

图 172 附图

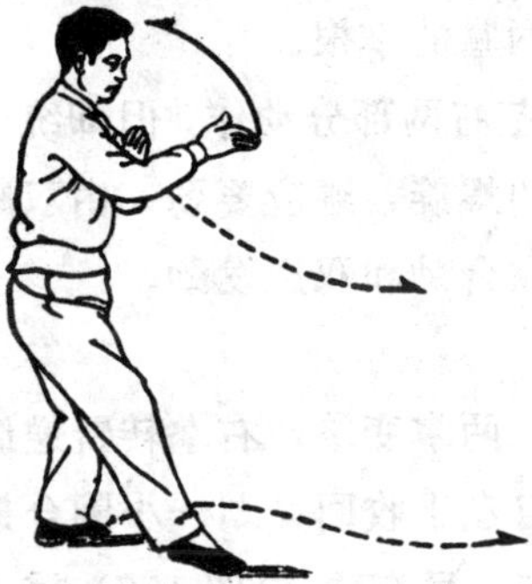

图 173

图 173 附图

图 174

图 175

要点：

图 176

1. 此式的动作要一连串、毫不停留地完成，目的在于顺着要劲以给之，也就是顺着要的方向，不予顶抗，由双掌逆缠双削而解放。

2. 此式最后的动作，须在不停留的过程中，重心左移，弓左腿，两掌合到终点，交叉地突然向左方一击；此时应意注两掌的掌根。

3. 小擒打这一拳式，分为左右两部分动作，但却统一地表现出来，目的在于运用缠丝的螺旋，顺应要劲，由双顺缠手法和双逆缠开劲，再转为双顺合劲和双逆发劲。

第四十四式　抱头推山

动作一：身微右转。同时，两掌变拳，右拳转臂逆缠向前下伸，拳心朝下；左拳逆缠自左下收回，划一小圈合搭于右臂上，拳心朝下；重心仍在左，弓左腿。（图 177）重心移于左腿，以左脚跟为轴，身体向右后转，右脚里收半步，以脚尖点地；同时两拳小顺缠在胸前合住劲，拳心皆朝里上。（图 178）两拳变掌以双顺缠紧缩交叉圈后下落，即转臂为双逆缠，向左右分开，将要达到终点时转为双顺缠，以手背放劲，两掌心相对；右脚尖仍点地。（图 179）

动作二：身体左转；同时，两掌随转体微向左移，两肘下沉，两掌即以右顺、左逆缠收回至两耳旁，掌心朝两颊；同时重心再稍左移，仍以右脚尖点地。（图 180）右脚前迈半步，

图 177

图 178

图 179

图 180

图 181

随着重心前移，右腿屈膝变实，身体右转；同时，两掌自两颊旁向右微下落，即随转体双顺缠向前推出；意注两掌小指，掌心朝外。（图 181）

要点：

1. 此式的要点在于双逆开之后变为双顺而达到终点。用两手背放开和肘的下沉，并由沉肘将两掌转到两耳旁，形成抱头的前半式。

2.采用两掌合而向前按劲者，在第一路拳套中劲别有三：(1)“六封四闭”，它是两手向前表现出四成闭和六成封的劲；(2)“双推手”，它是两手向前用掌根推出劲去；(3)“抱头推山”，它是双手向前按，微蓄，放开大步，弓右膝，臂部没有伸缩，由脊背放出劲去。

3. 这种两掌前按的形式和内劲各有不同，已如上述。另外，它在推山放劲的同时，还要以呼气（发出嘘音）来配合着掌根下塌，一齐放出劲去，才使推山的推劲恰到好处。

第四十五式　三换掌

动作一：身体右转。同时，左手顺缠翻掌微前伸，使掌心朝上；右手顺缠屈肘里收至左臂上侧。同时配合以左膝内缠、右膝外缠。（图 182）身微左转。同时，右掌顺缠向前转为逆缠，横掌推出；左掌顺缠屈肘里收至胸前，掌心朝右上。同时配合以右膝外缠、左膝内缠（完成第一次换掌）。（图183）

动作二：身再微右转。同时，左掌经胸前而上顺缠向前，转为逆缠，横掌推出；右掌顺缠屈肘里收至胸前，掌心朝左上。同时配合以右膝外缠、左膝内缠(完成了第二次换掌)。(图 184)身微左转，右膝更前弓；同时，右掌经胸前而上顺缠向前转为逆缠，横掌推出；左掌转臂顺缠下落，掌心斜朝里右。同时配合以左膝外缠、右膝内缠(完成第三次换掌)。(图 185)

要点：

1. 此式是在不动步的情况下进行动作，并且没有大开大合，而仅在胸前很小范围内变换手法，它的转臂收回是顺缠，

图 182

图 183

图 184

图 185

转到推劲时是逆缠，这是换掌的特点。

2. 三换掌的过程中，不但在胸前这小范围内达到一动无有不动的要求，还要在左右转换接头中，掤劲上没有缺陷（形的凹凸和劲的断续），紧要全在胸中腰间的运化。

3. 三换掌，第一次是用右掌推出，第二次用左掌推出，第三次仍旧是用右掌推出，它是在不换腿的情况下形成了三次转换；转换时由于腰裆的变换和腿的缠丝旋转，使腰裆和腿部内劲的虚实也随着转换三次，使之仍符合上下相随的要求；但一条腿支撑全身较久，运动量就较大。此式不仅能提高体育效果，也能提高技击的化劲技能（这是陈发科老师的晚年杰作）。

第四十六式　六封四闭

动作与第四式“六封四闭”动作二相同。（接图 18—20）

要点：

参看第四式“六封四闭”要点。

第四十七式　单鞭

动作和要点与第五式“单鞭”相同。（接图 21—26）

第四十八式　前招

动作一：身微左转，重心向左微移。同时，右勾手变掌，屈肘转臂，竖小臂顺缠至面前，掌心朝左上；左手逆缠向左下方平按，掌心朝下。（图 186）

动作二：重心右移，以右脚跟为轴，身体右转，右脚尖外撇；左脚提起，随转体向右脚靠拢，以脚尖点于右脚旁。同时，右手转臂逆缠横掌向右弧形外展，掌心朝外；左掌转臂下落，随转体弧形右移，掌心朝右。（图 187）

要点：

此式动作有如执着长枪舞动一样，两臂为合劲。光是左掌如执枪柄一样向左上领起，右掌在右向左上横托，如执枪杆一样，将左腿带起，这时腰的右侧皮肤紧，而左侧松，这是一个运用腰部使人感到舒适的特殊动作。

第四十九式　后招

图 186

图 187

动作一：左脚向左横开一步，重心随即左移，弓左腿。同时，左手逆缠转臂向左上翻转，掌心朝外；右掌转臂自右顺缠下落，掌心朝左下。（图 188）

图 188

动作二：身体左转，重心继续左移，右脚向左脚靠拢，以右脚尖点于左脚前；左手逆缠一个圈。（图 189）身微右转。同时，右掌转臂逆缠，弧形上翻，掌心朝外；左掌转臂顺缠，自上而下弧形右移，两手在右侧上下合住劲。（图 190）

要点：

1. 前招的主要点，是右掌托后一转，练这一转劲，提高了腰部右侧的功能，后招则提高了腰部左侧功能，所以统称

图 189

图 190

为前后招，也可合并为一个拳式。

2. 前招是排列在单鞭之后，它联合后招，又统称为斜单鞭，表示在单鞭之后，接连做一个斜式单鞭。它是运用小身法来揉动腰脊。重点在灵活地左右变换，使人感到有一种圆活的趣味。

第五十式　野马分鬃

动作一：左手逆缠转臂，经胸前而上向左上翻转，掌心朝左；右手顺缠转臂，自右而下，屈肘向右上托，掌心斜朝里上，两手在左侧上下合住劲；重心仍在左脚。（图 191）身微下蹲，右脚微向前，脚尖离地提起。同时，左掌向左后逆缠展开，掌心朝外，右掌顺缠展开，随着乘势前托，掌心朝上。（图 192）右脚向前迈步，随着重心前移，弓右腿，右腿变实。同时，右手顺缠随重心前移之势前托；左手逆缠向后外撑，高与肩平，掌心斜朝后下（完成第一个野马分鬃）。（图 193）

动作二：身体左转；同时，右掌屈肘转臂顺缠至面前，左

图 191

图 192

图 193

掌转臂微屈肘逆缠向左下按；重心仍在右腿。(图 194) 以右脚跟为轴，脚尖外撇，身体右转。同时，右掌转臂顺缠向右上翻、外展，掌心朝前下；左掌随转体向前划弧。(图 195) 身体继续右转，右脚尖继续外撇，重心全部移于右腿，左脚向前提起。同时，右掌随转体之势以逆缠向右后方（东）弧形横展；左掌微下落，转臂屈肘向前上托。(图 196) 左脚向前迈步，随着重心前移，弓左腿，左腿变实。同时，左手顺缠随重心前移之势前托；右手逆缠向后外撑，高与肩平，掌心斜朝后下，完成第二个野马分鬃。(图 197)

动作三：身体右转，重心稍左移，左腿更前弓；同时，左掌随转体之势以逆缠翻掌向左前按出，右掌逆缠自右弧形收至胸前。(图 198) 身体右转，重心右移，弓右腿。同时，左掌转臂

图 194

图 195

图 196

图 197

顺缠，经胸前右按；右掌转臂逆缠，向右展开，掌心朝右。（图199）身微左转，重心左移，弓左腿。同时，右掌顺缠下落至右腰前，掌心朝左前；右掌经胸前而下，逆缠屈肘向左抬起至高与肩平，掌心朝左。（图 200）身微右转，重心右移，弓右腿；同时，左掌顺缠，自左而下缠至腹前，右掌向右逆缠至高与腹平，掌心皆斜朝右后下方。（图 201）身体左转，左脚尖外撇，重心左移，弓左腿。同时，左掌顺缠屈肘、腕，经胸前向左弧形掤出，掌心翻朝里上；右掌自右经面前向左逆缠伸出，掌心侧朝前下。

图 198

图 199

图 200

图 201

（图 202）

要点：

1. 野马分鬃是一个使气达于四梢的大铺身法，如野马不受约束地奔腾一样。此式的唯一要求是在颈下到脊这一连串的脊骨两旁的皮与肌肉要具有双分开劲的意思，如马分开鬃毛一样；因为在身体的这一部位是“拔长容易分开难”，动作幅度微小，就难以将它分开，所

图 202

以要左右反复地练习。

2. 此式最容易表现出顺逆大缠丝劲。它在立身中正安舒、支撑八面的要求下，所有动作都须相对地表现出太极大缠丝劲：两手是此上彼下，此下彼上，此里彼外，此外彼里，此顺彼逆，此逆彼顺，开中寓合，合中寓开地转动着。所以，它很可以作为代表太极大缠丝劲的一个例子。

3. 太极拳要求一切动作，都是由腰脊作主宰来运动，所以气贴脊背是运动的核心。但对于背脊（如颈部七个椎骨），是最不容易将它分开和揉动的，因此这一拳式，就是为了符合这个要求而列入拳套的。

第五十一式　六封四闭

动作与第二十九式“六封四闭”动作二相同。（图 203，接图 19—20）

要点：

参看第四式“六封四闭”要点。

图 203

第五十二式　单鞭

动作和要点皆与第五式“单鞭”相同。（图 21—26）

第五十三式　双震脚

动作一：身体左转，重心左移，弓左腿，右腿微伸勿直。随转体时，右勾手变掌顺缠，自右而下经腹前向左缠至左肋前（注意内劲不丢、不匾），掌心朝左；左手顺缠向左伸出，掌心朝下。(图 204) 身体右转，重心右移，弓右腿，左腿伸而勿直。同时，右掌转臂逆缠，自左胁前而上经面前向右展开，掌心朝前；左掌转臂逆缠，随转体屈肘微抬，掌心朝上。(图 205)

图 204

图 205

动作二：身体继续右转，左脚尖里扣，重心向后移于左腿，右脚稍里收，以脚尖点地。同时，左掌自左经面前逆缠下落至右肘上侧；右掌转臂顺缠，自右而下向前上撩至胸前。(图 206) 两手在胸前逆缠，以缠丝劲领起全身，提起右腿，左脚蹬地跃起。(图 207—208) 两脚左先右后下落（所以又名双落脚），蹬地震脚，左重右轻；两掌随震脚时下按，掌心翻朝下。(图 209)

要点：

1. 图 207 的内合为蓄劲；使身肢掤劲的弹性加强，须以两臂微张而合的领劲与左腿的上弹劲，借将身肢一领而跃起，然后自然先后落地。

2. 震脚的作用已见第二式“金刚捣碓”要点 3。另外，在

图 206　　图 207

旧社会，如果有人被人以“节拿抓闭”等手法所伤以致昏迷或呆了时，为了恢复正常，通常是将患者身体直立举起，向地上一捣，由于震动，可使某部循环恢复过来。

图 208　　图 209

第五十四式　玉女穿梭

动作一：右脚微提，右手微抬，左手在胸前配合合住劲（姿势与图 206 相似）。右脚向前跃进半步；同时，右掌向前平推发劲，并带动左脚向前跃进一大步，身体随着右转，左掌也随着前推（形成两脚腾空的过程，如图 210；如年老体弱可以不做腾空过程的动作，如图 210 附图）身体凌空继续向右后转 270 度，左脚落地，接着右脚也随转体向右横行落步；同时，两手右顺、左逆缠，右手向右上、左手向左下斜向展开，形成开劲。（图 211）

图 210

图 210 附图

图 211

图 212

动作二：身体向左转正（朝南），左膝微屈；两掌以顺缠而合，以逆缠分开，右上左下。（图 212）

要点：

1. 此式是由两个动作联合为一个动作，其要点在于接连上三步，也就是右脚前跃半步，左脚前跳一大步和右脚又横落一步。这三步须接连完成。好像织布机上的梭子在两层纱中很迅速地穿过一样，这是名副其实的穿梭劲，与后来发展为玉女穿梭向四角翻转的拳式中动作不同。

2. 此式好像一种特殊的三级跳远，是在三跃步中用旋转身体来完成的；在技击上说，它适用于穿出包围圈，是在亦攻亦守的姿势下穿出来的。

3. 如果运动场地较小，或年老体弱，或想减小运动量，都可以删去腾空跳跃的动作，改为转身上步的练习方法。

第五十五式　懒扎衣

动作一：重心全部移于左腿，右脚提回，脚尖一经点于左脚旁后，即以脚跟向右贴地铲出；同时两手划弧，由大开转为双顺缠大合。（接图 12）

动作二与第三式“懒扎衣”动作二相同。（接图 13－14）

要点：

与前第三式“懒扎衣”要点相同。

第五十六式　六封四闭

动作和要点皆与第四式“六封四闭”相同。（图 15－20）

第五十七式　单鞭

动作和要点皆与第五式“单鞭”相同。（图 21－25，后接图 113）

第五十八式　运手

动作和要点皆与第三十一式“运手”相同。（图 114－119）

第五十九式　摆脚跌叉

动作一：身体右转，重心左移，左膝弓出；同时两掌相系着以右逆、左顺缠地向右平移至身体右侧，高与肩平，掌心皆朝右。（图 213）重心全部移于左腿，身体起立，右脚提起，自左而上经胸前而上向右横摆；同时两掌左逆、右顺缠，自右肩侧向左，左掌先、右掌后横行迎拍右脚面外侧，连续击响两声，两掌心皆朝左。（图 214）

图 213

图 214

图 215

动作二：两掌拍脚面后变拳，左手里逆缠自左而下经胸前向右划弧，右手外顺缠下落于腹前，两臂合劲交叉于胸前，左拳置于右臂上；右脚横摆后，自右下落，于左脚旁蹬地震脚，全身气向下沉，左脚跟微提起。（图 215）右腿屈膝下蹲，左脚脚尖翘起，以脚跟贴地向左铲出，右膝里扣、松胯、合裆下沉，臀部、右膝里侧和左腿后侧一齐贴地。同时，右拳经面前而上向右弧形举起，拳心斜朝右上；左拳经右臂里侧而下随左脚铲出前伸，拳心朝上。（图 216）身体向前而起，蹬右腿，弓左腿，成左弓步。同时，左拳以拳面向前上方冲起，拳心朝里；右拳转臂顺缠下落于右胯旁。（图 217）

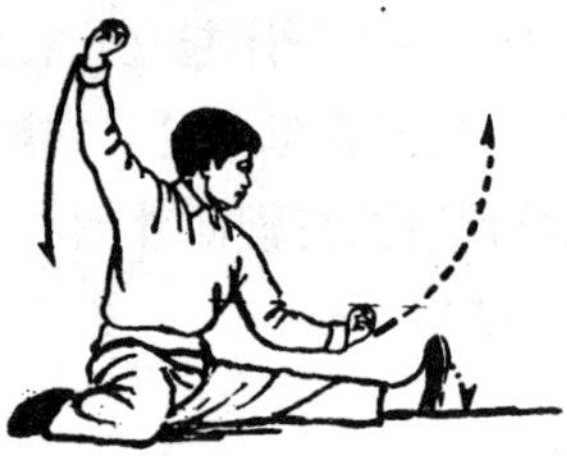

图 216

图 217

要点：

1. 此式分为摆脚和跌叉两个阶段：在摆脚阶段，摆脚时看来好像是两手去拍脚，其实须要手和脚相互迎击，右脚外摆下落时身体仍须中正，震脚时必须下沉劲整；在跌叉阶段，就其技击作用来说，是预防不慎跌倒，可以利用臀部下沉着地弹起，即以后脚撑起和左拳上冲（两者必须同时、一致地动作），腾然而起，获得败中取胜的效果。

2. 此式较难做，对于自幼就学拳的人，还是容易做到的。为了适合年老体弱等不同的对象，适合在水泥地上或穿西装裤进行练习，此式也可改为“摆脚下势”，就是在摆脚之后，将后阶段中的一跌取消，改为右腿屈膝下蹲、左腿向前仆出的仆步，接做后面图 218 的动作。

第六十式　左右金鸡独立

动作一：重心全部移于左腿，身微左转，左腿起立，左膝微屈，右腿提起，右脚面绷平，脚尖朝下。同时，两拳顺缠，左拳自左前而下、右拳自右后向前而上，两拳在胸前交叉而过；随着右腿将要提起时，两拳变掌，右手顺缠自右胸前上托，左手逆缠下按（如图 222，惟左右相反）；随着右腿提起时，右掌向右上、左掌向左下逆缠展开，成左式金鸡独立。（图 218）

动作二：左腿微屈（蓄劲），即跃起，两脚腾空，随即两脚左先、右后下落，蹬地震脚（左重右轻。为双落脚），两膝微屈；右掌随右脚下落同时下按至右胯前，左掌也向左胯前下按。（图 219）身微右转再向左转，右脚向右（南）横开一大步，左腿屈膝

图 218

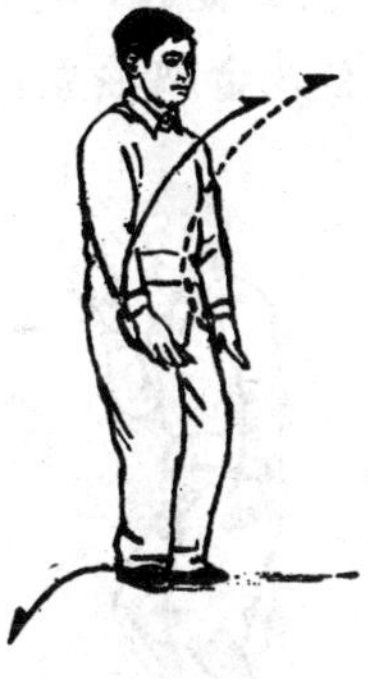

图 219

下蹲。两掌随着身微右转时自右上举，即随着开右步和身左转时经胸前向左以左逆、右顺大缠至与肩平，掌心皆朝左。（图 220）重心右移，左脚向右靠拢，以脚尖点于右脚旁，成右腿实、左腿虚；同时两掌顺缠，分别下落于左右两胯旁。（图 221）

动作三：接着左脚踏实，重心左移，变左腿实，即又将重心移回于右腿，仍变为右腿实，左脚跟仍离地提起。同时，左掌转臂顺缠屈肘上托，右掌逆缠在右侧配合下按。（图

图 220

图 221

222）随即左腿提起，随着左掌向左上，右掌向右下皆以逆缠展开，成右式金鸡独立。（图 223）

图 222

图 223

要点：

1. 前式跌叉弹起后（图 218），即为此式做好准备。做好独立的关键，在于提起腿的脚面应绷平，脚尖尽力朝下，以减轻腿的悬垂杠杆重量；并以两臂上下左右分展、对拉来保持平衡，这样可使身体达到稳定。

2. 在第一个金鸡独立过渡到第二个金鸡独立中间有四个

图，以求得在换位过程中得到稳定，然后再做第二个金鸡独立；这样，第二个独立可以蓄而后发地上下一齐发劲，显出全身掤意勃发于外。

3. 无论前式跌叉落地或改为不跌落的下势，都是由最低而奋起，达到最高的独立拳式，可练习腿部的弹性和臂部的提劲，这是此式的特点。同时，在形成独立时，顶劲须悬起，精神要振作，使气遍身躯，形成“意气风发”的形象。

第六十一式　倒卷肱

动作一：右腿屈膝下蹲。同时，左掌经面前逆缠而下；右掌自右而上由顺缠转为逆缠，弧形缠至右颊旁，掌心斜朝左前方。（图224）以下同第二十二式“倒卷肱”动作一中图87—88说明。（接图87—88，附图87和88的正面图）

图 224

动作二、三与第二十二式“倒卷肱”动作二、三相同。（图89—91，再接图88的正面图）

要点：

与第二十二式“倒卷肱”要点相同。

第六十二式　退步压肘

动作和要点皆与第二十三式“退步压肘”相同。（图92—95）

第六十三式　中盘

动作和要点皆与第二十四式“中盘”相同。（图96—99）

第六十四式　白鹤亮翅

动作和要点皆与第二十五式“白鹤亮翅”相同。（图100）

第六十五式　斜行拗步

动作和要点皆与第二十六式“斜行拗步”相同。（接图33—38）

第六十六式　闪通背

动作和要点皆与第二十七式“闪通背”相同。（接图101—106）

第六十七式　掩手肱捶

动作和要点皆与第二十八式“掩手肱捶”相同。（图107—109，再接图52—54）

第六十八式　六封四闭

动作和要点皆与第二十九式“六封四闭”相同。（图110—112，接图19—20）

第六十九式　单鞭

动作和要点皆与第三十式“单鞭”相同。（图21—25，后接图113）

第七十式　运手

动作和要点皆与第三十一式“运手”相同。（图114—119）

第七十一式　高探马

动作和要点皆与第三十二式“高探马”相同。（图120—124）

第七十二式　十字摆莲

动作一：接上式高探马开式之后，左脚提回，以脚尖点于右脚旁，仍为右腿实、左腿虚；同时，两掌转臂左逆、右顺缠，左掌自左而上向右、右掌自右而下向左划弧，两手以腕部交叉于胸前。(图 225)以右脚跟为轴，身体右转，仍以左足尖点地；同时，两手逆缠，缩小交叉圈，左手在里，两手合住劲。(图 226)身体继续右转，右腿屈膝下蹲，左脚提起向左侧(东北)横迈一大步，重心左移，弓左腿；同时，两手逆缠，右掌向右上、左掌向左下分别展开，掌心皆朝外。(图 227)

图 225　　图 226　　图 227

动作二：身微左转，重心继续左移，弓左腿。同时，右掌转臂顺缠，自右而下经腹前向左缠至左腋下，掌心朝后下；左掌转臂顺缠，屈肘使小臂竖起，掌心朝右上。(图 228) 身微右转。同时，左掌顺缠，经额前向右合于右臂上侧，掌心朝下；右手在左腋下顺缠，使掌心转朝下。重心同时更向左移。(图 229)

动作三：右脚提起，自左前而上向右外摆半圈；同时左掌逆缠向左迎拍右脚面外侧。(图 230) 以左脚跟为轴，身体

图 228

图 229

图 230

图 231

右（西）转；同时，两掌变拳左逆、右顺缠，右拳经胸前而右向下、左拳转臂屈肘自左而上一齐放劲，右拳高与胯平，拳心朝上，左拳稍高于头，拳心朝右。（图 231）

要点：

1. 该式是由紧合到大开，此时要求气势下沉；在左转时两膊须相系，是合中寓开；以后又开，是开中寓合。

2. 由于左掌交叉地拍击右脚面外侧，所以称为十字摆莲。

拍后以左拳上举、右拳下翻同时发劲，以这种发劲的协调来取得转体后的稳定。

3. 做十字摆莲的动作，常常会感到舒适和背脊发热，这是促使气遍身躯的现象。

第七十三式　指裆捶

动作一：左脚稍向左跃起，右脚向原左脚所踏处下落，蹬地震脚；身体右转，左脚向左前（西南）斜方迈步，重心渐渐左移。随着右脚下落震脚时，左手转臂顺缠至胸右；右拳顺缠自右而上向左落于左小臂上；随着左脚迈步时，左拳随

图 232 甲

图 232 乙

转体逆缠自胸前而右绕起，屈肘竖起小臂，以小臂向前微挺，拳心朝右，右拳顺缠翻至右胯旁，拳心朝前。（图 232 甲乙）

动作二：身微右转。左拳转臂顺缠在胸前下落；右拳转臂逆缠自右而上，经右耳旁向胸前下落于左臂里侧，双手合住劲。（图 233，该图所示为侧面，其实两脚仍于原处如图 232 中的两足所踏处未动）身左转，重心左移，弓左腿。同时，左

拳转臂顺缠收回置于左胁下，拳心朝里；右拳转臂逆缠向左前下方打出发劲。（图 234，附图 234 的侧面图）

图 233

图 234

图 234 附图

要点：

1. 此式要着重注意蓄劲。在两拳于胸前合住劲时，须两胯大开、圆裆和气贴脊背。处于这种姿势时，也最容易检查出五张弓——两手弓、两足弓和脊背弓是否齐逗榫，五张弓的弓背上有没有加强弹性，也就是说有没有感觉到五张弓背线上有绷紧的现象。

2. 此式又为练习“胯打”的一个动作，其动力根源在于右胯一绷，而将右拳的劲放出去，指着对方的裆内。

3. 此式发劲时，外表是向右侧斜着，似乎外形不正，但发劲时的内劲，在于左手的向后领的上领劲，属虚，而指裆的右手下沉是实，右腿却是虚；由于这种“上下相随”，遂将内劲调整平衡，而达到中正；这是正确的中正，虽外形似乎不正，但内劲却仍然是中正不偏的。

第七十四式　白猿献果

动作一：身微左转；同时，右拳逆缠向左收于左腰侧，左拳在左胁前逆缠，配合绕一小圈，两手合住劲勿匾。（图 235，

图 235

图 235 附图

图 236

图 236 附图

附图 235 的侧面图）身体右转，重心右移即仍向左移回。同时，两手逆缠，自左向前移至胸前，高与胸平；随重心移回左腿时，两拳转为里外缠丝，合住劲。（图 236，附图 236 的侧面图）

动作二：以左脚跟为轴，身体左转，右腿提起，右脚面绷平，脚尖朝下。同时，右拳转臂顺缠，自右而下随右腿提起时旋转上冲，高与眼平，拳心朝里；左掌转臂逆缠一个圈

图 237

收置于左腰侧。（图 237）

要点：

1. 此式由"左里逆缠和右外顺缠"须无凹凸地使身体平旋而上；两手转为上下逆顺缠丝，将右拳缠到面前，左拳缠到腰间，须毫无缺陷地完成，这是此式的着重点。

2. 此式须掌握双合后的螺旋上升。另外，置于左腰侧的左手，必须做到正确的逆缠，须从左外缠回到腰间，这也是使左腿中正立稳的关键。

第七十五式　六封四闭

动作：身体微左转，右脚向右前迈步；同时两拳变掌顺缠翻掌分置于两耳旁，掌心斜朝外。（接图 19）以下同第四式"六封四闭"动作二后部的说明。（图 20）

要点：

参看第四式"六封四闭"要点。

第七十六式　单鞭

动作和要点皆与第五式"单鞭"相同。（图 21—26）

第七十七式　雀地龙

动作一：身体左转，左腿前弓。同时两手变拳逆缠，右拳自右而下经腹前向左上撩，拳心朝上；左拳向右合于右臂上侧，拳心朝里，两手合住劲。（图 238）重心右转，身微右转，右腿屈膝下蹲；同时，两手右顺、左逆缠，左拳自右臂

里侧向左而下、右拳自左小臂外侧向右而上分别展开，左拳伸至左膝上，左拳心朝右上，右拳心朝右上。（图 239）

图 238

图 239

动作二：身微左转，左腿下沉仆腿，右腿继续下蹲；左拳前伸至左踝上侧，拳心朝上，右拳微下沉；眼平视前方。（图 240）左脚尖外撇，身体向前而起，蹬右腿，弓左腿，成左弓步。同时，左拳以拳面向前上方冲起，拳心朝里；右拳转臂顺缠下落于右胯旁。（图 241）

要点：

1. 此式与跌叉不同点，仅为不跌倒，是在右拳转臂自上右缠时后面的右腿不贴着地面，但须尽量下蹲；其他各部分与跌叉要求相同。

2. 此式与跌叉同样，为了适合不同对象，可以改为左腿腿肚不贴地，而尽量做到下势（图 239）的样子。

3. 此式先作双合的卷劲，卷而后放（利用离心力），放到极开和极低时再利用放后双手再合的向心力，将劲运用到右拳上，起着将身领起的作用。

图 240

图 241

第七十八式　上步七星

动作：左脚尖外撇，身体左转，重心向前全部移于左腿，右脚前上半步，以脚尖点地。随着身体左转的同时，左拳顺缠里合；右拳顺缠，自右而下随右腿上步时向前经左腕外侧冲起，两拳以腕部交叉，拳心皆朝里。随着右脚上步以脚尖点地时，两拳以腕部紧贴的交叉点为轴，自上而里向下而前绕一小圈后向前变掌微挺。（图 242—243）

要点：

1. 太极拳的每个拳式，在练习时都要求一动无有不动，而每个拳式中又必有其运动的主要部分；此式则以腕部为主，对腕部有着良好的训练。当然在其他拳式中腕部也在活动，而在此式中其他部分也在活动，这里仅是指哪一部分为主而言。

2. 由于太极拳要求动急则急应，动缓则缓随，又须沾粘连随，去掉顶匾丢抗，因而彼此运用擒拿的机会较多；此式为解脱双手被擒拿的一种转法。

图 242

图 243

第七十九式　退步跨虎

动作一：两掌在胸前仍以腕部紧贴的交叉点为轴，自前而下向里而上仍翻绕回来；同时，随着两掌翻转，随着以左脚跟为轴，身体右（南）转，右脚后退一步。（图 244）两臂微合，紧缩一下交叉圈后一震两掌，即向左右下方分开，掌心皆朝下。（图 245）

动作二：重心右移，左脚向右脚靠拢，以脚尖点于右脚旁；同时两手右逆、左顺缠，右掌自右而上向面前划弧，左掌自左而上向腹前划弧，两手上下合住劲。（图 246）身微下蹲；同时，两掌转臂逆缠，右掌向右上、左掌向左下分别展开，右掌心斜朝右上，左掌心斜朝左下，成跨虎式。（图 247）

要点：

1. 此拳套内唯一连续后退的拳式是倒卷肱，而上一步后接着后退一步的仅有退步跨虎。前式是顺应要劲而向前上步，此式乃是顺应给劲以退步。这是一进接一退的练法。

2. 前式两腕自下而里前翻，自然地具有挒劲发出；此式

图 244

图 245

图 246

图 247

翻回一个圈后突然一震，如脱铐一样的劲，然后双分而开，同时气和裆劲须下沉。

第八十式　转身双摆莲

动作一：以右脚跟为轴，身体向右后转 180 度，左脚提起随转体向右后摆。同时，右掌随转体也平旋 180 度，逆缠横掌于右上方，掌心朝右；左掌顺缠向右后横扫至右肘前，掌

心朝右。(图 248—249)

图 248　　图 249　　图 250

动作二：左脚向前（西北）斜方落步，随着重心左移，左腿屈膝下蹲，身体同时右转；同时两掌左逆、右顺缠自右微下落。(图 250) 重心全部移于左腿，身体起立，右脚提起，自左而上经胸前而上向右横摆；同时两掌左逆、右顺缠，自右向左，左掌先、右掌后横行迎拍右脚面外侧，连续击响两声，两掌心皆朝左。(接图 214，惟方向稍异，图中姿势的胸部朝南，而此式胸部应朝东北斜方)

要点：

1. 凡一腿独立、一腿提起的转体动作，务须在转体过程中表现出既稳定而又一动无有不动。其关键在于两臂合而后开（合是双顺缠，转为开时变为双逆缠），由开劲将身体带转过来，这是由于双逆缠的对开的平衡作用而达到身体稳定的。

2. 另外，要获得稳定，还须立身中正。而中立的关键，又系于顶劲虚悬；如果顶劲不虚虚悬起，稍有偏倚，就立刻不能稳定，因头部居身体的最高峰，上面微偏，则影响到下面全身的倾斜度就很大。所以太极拳一切动作都须顶劲虚悬，这样，不但减少头颅下压的重量，而且会产生纠正倾斜的功效。

第八十一式　当头炮

动作一：外摆后的右脚，向右后（南）方落步；同时两掌变拳，转臂顺缠下挫，即转向前上微冲，两拳心相对，左拳在前，右拳在后；随冲拳左膝前弓。（图 251）

动作二：重心后移，右腿屈膝下蹲变实，左膝微屈，身

图 251　　图 252　　图 253

体右转；同时，两拳转臂顺缠，自前而下向里而上，弧形里收于右胁旁，左拳心朝里，右拳心朝左（图 252），重心前移，弓左腿、蹬右腿成左弓步，身微左转；同时，两拳转臂顺缠向前抖劲，两肘微屈，左拳稍横臂在前，左拳心朝里，右拳心朝左。（图 253）

要点：

1. 太极拳整个拳套是以文象始、武象终的，所以当练到当头炮这一拳式时，就要“意气风发”地表现出卷放蓄发四

劲，并尽其所能地将四劲发挥出来。①

2. 此式须对太极劲动的方面作最后一次检查，也就是在卷放过程中，有没有离开太极劲的缠丝劲，蓄发时其根是否在脚，并且是否由脚根达到两拳。

3. 此式所发之劲，运用的是抖劲；抖劲是短距离的㨃劲的一种。抖劲，须表现出有如在皮肤上着了火星那样一种惊觉的劲，须由一抖而出。

第八十二式　金刚捣碓

动作一：重心后移，右腿屈膝下蹲，右腿变实，身体右转；同时，两手左逆、右顺缠向右后方展开，掌心朝右后方，手指舒展勿软。（接图 4，惟左脚不同，图中左脚离地，该式左脚虚踏于地面，方向亦不同，第二式“金刚捣碓”是胸部朝南进行动作，此式是胸部朝北进行动作）

动作二：重心前移；同时两掌仍以左逆、右顺缠，向右后继续微展下沉。（接图 5，惟南北方向相反）后同第二式“金刚捣碓”动作二图 6 说明。（接图 6，惟南北方向相反）

动作三同第二式“金刚捣碓”动作三，惟方向不同，南北相反。（图 7—8）

要点：

陈式第一路太极拳拳套内第一个“金刚捣碓”，表现出太极拳五对顺逆缠丝寓于动作开始中；第二个“金刚捣碓”表现出第二势的结束；第三个“金刚捣碓”表现出第五势的结

---

① “卷”是由大圈收缩为小圈，一般用于掤劲，表现在“走”之中，卷到缠丝尽头，便成“蓄”劲。“放”是由小圈开展为大圈，一般用于挪劲，表现在“粘”之中，放到对方虚空处，便成发劲。

束；此式为第四个“金刚捣碓”，表现出全套的结束。其要点同第二式“金刚捣碓”要点。

第八十三式　收势

动作：身体起立，两膝微屈；同时两手逆缠分向左右两侧下垂，掌心皆朝后，恢复预备式姿势。(接图1)

要点：

1. 在恢复到静态姿势时，仍须按预备式中各要点检查一下。

2. 练完后，根据自己的呼吸频率增加的程度，就可以判断在练习过程中“以气运身”做得如何，呼吸调节得够不够标准。如果发生气喘现象，则应检查动作和呼吸配合得是否自然。

3. 陈式第一路太极拳与第二路炮捶，假设都是以面朝南开始练习，在收势时则都面朝北。如果将第一路或第二路连续练习两次，或者将第一路和第二路接连练习，最后收势就可复原为面朝南。

第三章 陈式太极拳第二路图解

陈式太极拳第二路拳式名称顺序

第一式 预备式
第二式 金刚捣碓
第三式 懒扎衣
第四式 六封四闭
第五式 单鞭
第六式 搬拦肘
第七式 护心捶
第八式 拗步斜行
第九式 煞腰压肘拳
第十式 井揽直入
第十一式 风扫梅花
第十二式 金刚捣碓
第十三式 庇身捶
第十四式 撇身捶
第十五式 斩手
第十六式 翻花舞袖
第十七式 掩手肱拳
第十八式 飞步拗鸾肘
第十九式 运手（前三）
第二十式 高探马
第二十一式 运手（后三）
第二十二式 高探马
第二十三式 连珠炮（一）
第二十四式 连珠炮（二）
第二十五式 连珠炮（三）
第二十六式 倒骑麟
第二十七式 白蛇吐信（一）
第二十八式 白蛇吐信（二）

第二十九式　白蛇吐信（三）
第三十式　海底翻花
第三十一式　掩手肱捶
第三十二式　转身六合
第三十三式　左裹鞭炮（一）
第三十四式　左裹鞭炮（二）
第三十五式　右裹鞭炮（一）
第三十六式　右裹鞭炮（二）
第三十七式　兽头势
第三十八式　劈架子
第三十九式　翻花舞袖
第四十式　掩手肱捶
第四十一式　伏虎
第四十二式　抹眉红
第四十三式　右黄龙三搅水
第四十四式　左黄龙三搅水
第四十五式　左蹬一根
第四十六式　右蹬一根
第四十七式　海底翻花
第四十八式　掩手肱捶
第四十九式　扫蹚腿（转胫炮）
第五十式　掩手肱捶
第五十一式　左冲
第五十二式　右冲
第五十三式　倒插
第五十四式　海底翻花
第五十五式　掩手肱捶
第五十六式　夺二肱（一）
第五十七式　夺二肱（二）
第五十八式　连环炮
第五十九式　玉女穿梭
第六十式　四头当门炮
第六十一式　玉女穿梭
第六十二式　四头当门炮
第六十三式　撇身捶
第六十四式　拗鸾肘
第六十五式　顺鸾肘
第六十六式　穿心肘
第六十七式　窝里炮
第六十八式　井揽直入
第六十九式　风扫梅花
第七十式　金刚捣碓
第七十一式　收势

陈式太极拳第二路

陈式太极拳第二路，即第二趟架子，俗称“二套”，又名“炮捶”。二套开始，直做到第一个单鞭止，即从预备式、上步金刚捣碓、懒扎衣、六封四闭，到单鞭这五个动作，与第一路的完全相同。所以要重复做这五个动作，是为了先做几个柔软的拳式来舒展筋骨，以适应练二套的要求。因此，本章中关于第二路的动作说明，从第一个单鞭以后说起（胸向南）。单鞭以前的四个拳式动作说明，详见第一路，此处不再重述。为便于叙述，第一路太极拳图解中的图 1 至图 26 及其说明在第二路图解中就不再重复，而其中的图 26 则列为本图解的图 1。关于图解的说明，也详见第一路图解。

图 1

第六式　搬拦肘（胸向南）

动作：重心微右移；同时，右勾手在右侧小顺缠变拳，并使拳心朝上，左掌变拳自左而下逆缠至胸前；紧接着重心左移；随重心左移时，左拳经胸前向左以拳眼横击发劲，右拳自右向左也以拳眼横击发劲，两手左拳心朝上，右拳心朝下。（图 2）重心右移；随重心右移时，两手左逆右顺缠自左向右以拳眼横击发劲，左拳心朝下，右拳心朝上。（图 3）

图 2

图 3

要点：

此式有左右两次发劲，须紧接着做。自单鞭过渡到向左发劲，须先将重心微右移，然后发劲，以达到蓄而后发的要求。发劲时，重心的移动与两拳发劲须一致，以求得劲整。

第七式　护心捶（胸向东北）

动作：重心全部移于右腿，左脚提起，身体左转，右脚蹬地跃起，随即左脚落地，右脚也跟着向左前（东南）斜方落步。随着转体的同时，左拳逆缠向右里微上提，即随转体

图 4

图 5

向左后下方弧形顺缠至左腰侧，拳心斜朝右上；右拳先逆后顺缠随转体自右而上经右额前侧向左，随右脚落步的同时下击。（图 4）左拳顺缠向左举至高与肩平，右拳顺缠里收。（图 5）左拳自左而前经右拳外侧向下向里，右拳自里向外，两拳在胸前交叉而过；随即两手顺缠，左拳里收，右拳以近腕部的拳背向前掤出；同时重心下沉。（图 6）

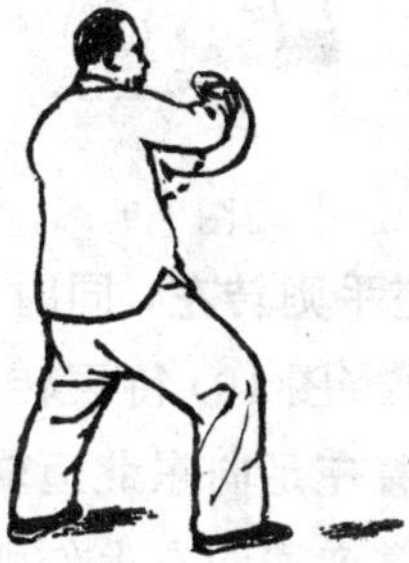

图 6

图 7

要点：

太极拳动作，凡要放大其圈，必先缩小其圈；这是为了加强掤劲，使在“气贴脊背”条件下，将内劲贯串而达于掌根。当双手在胸前作里外左右双逆缠丝的放开时，即形成右前左后的合劲作用；最后，如∞字，使两圈会合于胸前以护住心口；同时渐次缩小其圈，形成蓄劲如开弓，以加强掤劲。

第八式　拗步斜行（胸向东转东南）

在上式双拳护住胸部之后，双拳放开为掌，并做右顺左逆的缠丝，相合于胸前。此时右手在上，左手在下，右掌心向左，左掌心向上。接着仍做右顺左逆的双分。（图 7、8、

9）然后，再双合于胸前，但此时右手已转下，左手已转上，

图 8

图 9

掌心均向下。接着右手又转上，左手则转左，同时身法提高，右腿提起，左腿独立，双掌合住劲。（图 10）待再转为开劲时，使右足落地一震脚而变为实。接着左足向东北迈转一步，右掌顺缠由前向右下沉。同时，左掌逆缠向右上作弧转；转到左掌向左开时，右掌适在右顺缠向上到右耳边。这时左腿为实，乃是起势。接着右掌在右耳边转半个圈再向右前逆缠放

图 10

图 11

开；同时，左掌微向右逆缠后，即向左顺缠地开放，成为双开劲。此时，胸向南。(图 11)

要点：

此式当右足落地时，是右手开，左手合；等到左手转向左外开时，右手又转到右耳边为合。由于左合右开和左开右合，促使内气盘旋地下沉；最后，在完成此式时，左右两掌同时在双逆缠之下双开起来；等开到头时，又以双顺缠双合起来。在双合时，双手的手指须向上竖起；同时，双肘的内劲亦须一合。接着，立即气沉丹田，重心也同时转到右足。此式由于开合变换，配合震脚和左顾右盼的旋转，导致气不得不下行，是一种行功练气下沉的基本功夫，也是最易使人感觉到最后气沉丹田的一个拳式。

第九式　煞腰压肘拳（胸向东南）

动作：在上式斜形的两掌分开之后，右方的右掌用顺缠，当转往上时，将掌变拳置于右膝的上方。同时，左掌在左用小上顺缠成拳与右拳遥相对于左上方合住劲。裆口下沉，形成低的圆裆；足从左实变为右实，此时胸向南。(图 12)

图　12

第十式　井揽直人（胸向北）

动作：左足提起向右方作180°迈出，使胸转向北。左拳变掌，并随着左足由上斜向胸前下方一个按劲，劲在掌根。同时右拳顺缠，亦在下沉时变掌，

翻转掌心向上使近腰左。旋转时以腰脊作中轴。此时右足为实。(图 13)

图 13

图 14

第十一式　风扫梅花（胸向南）

动作：在完成左手由上而下按的 180°后，接着由右手接替左手的挣脱劲，以顺缠从下而后上采地转 180°；至右上方时，又转为逆缠的开。同时，左手在下逆缠向左下方分开，形成双开劲。此时，左足为实，并作为旋转中轴；右足随身右转而横迈于左足的西边。最后形成如图 13 的姿势。此时双手皆已变为双逆缠。

要点：

以上三个拳式的作用，主要在于第八式双开中右掌：假定已被采拿，因此先在一小顺缠将掌变拳的同时，就顺着采的要劲，转而下按地转过身来。这是用连随以求解脱的基础。在转身时，同时用左掌的下按劲和右掌的上提劲，使左右两手上下一震抖，以达到解脱的目的。在这样大转身的过程中，必须使劲沉着地旋转，方法是不许平旋，而须使旋转从上而下（按合时），再从下而上（掤开时），以期在沉着中达到连续的解脱作用。这种大转身的缠丝，最易使人产生“缺陷”、“凹凸”和“断续”的现象。因此，若要避免上述缺点，其要点是在两膊相系之下的掤住劲，同时运用腰脊作中轴，使能掤着旋转，产生活如风车的旋转惯力。在旋转过程中，先向后下 180°一按合劲，以加强其沉着性；同时不停地再向后上 180°一掤开劲，最后完成 360°的大转身。在劲别运用上，上半圆是以左手为主而旋转的合劲；下半圆是以右手为主而旋转的开劲。这样使内劲不断地外显而达到弓背，也不致再产生缺陷等缺点。

图 15

第十二式　金刚捣碓（胸向南）

动作：上式完成时，用的是左右双逆缠的双开劲。此式乃是由左右双逆缠的开劲转为左右双顺缠的合劲，使气注小指。此时左足为实。（图 15）合后又转为上下逆缠的双分劲，当达到右上左下的终点时，右掌一转而变为拳，再由上顺缠而下；同时左掌逆缠至小腹前，掌心向上，最后是使右拳落到左掌心内的一合劲；同时在左足为实时，右足提起震脚于地。（图 16）

图 16

要点：

在做完360°大转身后，内气要象车轮向四周动荡，而后再下落到丹田之内，并加以搗实，这是此式的主要作用。它由左右的相开相合转为上下的相开相合并震脚时，可使气更加搗实于丹田内。这种震脚可轻可重，主要以能运用意气下达为主，并不在震脚的轻重。因此，除了用检验震脚的声音以测定劲的整与不整外，还须看能否做到动静相合的功夫，以达到一静无有不静。

图 17

图 18

第十三式　庇身捶（胸向南）

动作：从上式之后的一合劲做起，双手皆向下左右逆缠的分开；在双开的同时，右腿向右横迈半步；开后再合，此时双手由下向前上继续逆缠，最后把左手放在右手外方，合于胸前，形成开胯圆裆，左足为虚。（图17）这种由合而开，开后再合，是紧凑的小开小合。接着右掌向右后转向外方逆缠成拳，左掌向左下逆缠亦成拳。双分后，右拳从下向右上逆缠，再从头前而过。回转左方。当左拳逆缠到左胯间时，右拳突然撇身而回，向右上方发出肘劲；重心移右，右腿转实，

全身随着向右下沉，裆亦随之放低。（图 18）

要点：

在含胸拔背之下，由双逆缠丝紧缩其圈以加强双臂掤劲内的弹性，能起一种披身环形的蓄劲作用。它主要是练右手和腰脊，由大圈转为小圈，以加强蓄劲（内中同时具有向右的肩靠劲）；最后，由一小圈进为无圈，将劲贯串到肘尖上去。因此，它是一个紧凑运动的拳式，要求在双逆缠丝的相合下，继续以双逆缠丝缠转过去。在缠转过程中，必须做到内劲无缺陷和无断续。故其要点在于运用腰脊作中轴；当右手以逆缠开始而转到面前再逆缠一大圈时，须表现得节节贯串。当再由逆缠转到顺缠并突然又一转为逆缠向外右上方发出肘劲时，要求看得出劲起于足跟而形于肘尖。

第十四式　撇身捶（胸向南转东南）

动作：在上式左拳置于胯间发出右肘劲时，假定置于胯间的左拳突然被采，则这时就顺着采的要劲，先以右顺左逆的一小圈，身躯略向右转，右脚为实，接着即以左顺右逆的翻转拳背，以挒劲向左侧反击出去。同时，右手以小逆缠向着右后方放劲，以保持平衡（这是双开发劲）。但发劲须专主一方，本式以左方为主，右方为宾，故右拳属于放劲，而左拳则为发劲。同时，在发出时右腿为实，胸向东南。（图 19）

图　19

要点：

当左缠到左胯间而左臂又被采时，为了不丢不顶，适应采的要劲，应顺着对方要劲的方向，向左方用挒劲击出。这是直截了当、以求解脱的着法。因此，本式以左拳反击为主，但击出的根源却在顺缠旋转于右上的右拳，通过它再将内劲缠丝式地贯注到左臂中去。

第十五式　斩手（胸东南转北）

动作：此式假定在上一式"撇身捶"的着击中没有得到解脱，就再顺着要劲的方向跨上右步；右手以顺缠自右后向上随身翻转过来，并相合于左手之上；在被采的左手突然上提的同时，右掌缘如刀下斩，形成左上右下的双开削竹势，并辅以右足下沉的震脚。这是跨上右步，使双手处于自己的方圆圈内，是两手一足同时并用的着击挣脱方法。此时，胸已转北。（图 20）

图　20

要点：

这是二次解脱左手被采的方法。采劲中最常用的方法是迫使对方不易连随的向下压迫的采，使被采者不得不趋于跪势，因而不得不采取手领身的上步，以加速"右斩""左提"和"震脚"三者齐施的解脱方法。因此，在右手不断劲的要求下，用小顺缠的旋转以上右步，使被采的左手处于自己的方圆圈内；这是以轻制重的基本方法。上步前和上步后以及下斩时，尾闾均须正中，切不可因下击而使尾闾前倒。

第十六式　翻花舞袖（胸向北转南，再转东北）

动作：假定二次解脱还未成功，也就是在上提下斩之下还不能将对方采手斩掉，就要以身躯的翻转劲作进一步的解脱，也就是顺着对方向上抗拒的斩劲，突然跃起；左手逆缠上提绕过头顶，并翻过身来。这是自下而上的大转身。翻的惯性力由左手领导。此时，右手亦用逆缠由下而上加以辅助，并用双开劲跃起身躯和转过面来。同时，左脚上提，并带动右足亦随之上跃。这一动作包括有双臂及肩靠劲来解脱被采之手。（图 21，此图是跃起转面的一瞬间）接着，在继续自上而下的旋转过程中，当左手在左侧由逆缠转为顺缠向下，则左足同时落地一震脚。这是左手和左足同时进行的动作。当左足落地而右足上步向前右，右掌则同时逆缠从后上转为顺缠，并向前下用掌缘砍下（砍时与劈架子的砍劲一样）。同时，左手成拳顺缠向左后方为宾地击出。此时左足为实。（图 22，此图是旋转身躯落地一砍时的姿势）

图　21

图　22

要点：

上式斩手解脱法的特点是双方手臂都在面前，力的作用点对双方的距离皆相等，而本式“翻花舞袖”的转身则运用了身法及腰脊的旋转作用，使力作用点的距离突然形成悬殊的对比（自己近，对方远）。也就是说，使解脱点离对方远，离自己近。这种一近一远的关系，形成力矩大小的变换。转身后两足是左足先落地震脚，右足稍后落地，这样，就加强了腰轴旋转的惯性力，因而也加强了右手的下砍劲，是求解脱的又一方法的关键所在。这种解脱是以右掌缘的下砍来接替右手顺缠翻转时的旋转惯力的。同时，下砍时须松开且有弹性，这样才能促使下一式能轻灵跃起。这种解脱也是以轻制重的又一范例，是一着两用的具体表现，也就是说，解中寓击，击中寓解的双用法。所以此式主要在一手解脱，另一手顺着旋转而下砍。

第十七式　掩手肱拳（胸向东北转东）

动作：这是以练习蓄劲与发劲为主的拳式，在第二路架子内，凡是在特殊拳式之后，多是用它来联系起来。这是第二路拳的第一个掩手肱拳。它借着上一式那一下砍的弹性劲，双手以双顺跃起身躯，并调换左右腿的前后位置，接着右足落地一震脚为实，左足迈步上前为虚。同时，以双逆缠将全身的劲曲蓄起来，缩小双臂的环形圈来加强蓄劲。此时，左手在上，右手在下；右足虚而左足实。（图 23）接着，下半节是发劲。发之先，右手先做逆缠小圈置于腰际，拳心向上；同时左手相对地逆缠，拳心向下，这是左蓄劲。当右手在右腰际时，右手下沉其劲，并在沉着之中仍以逆缠用突发之势将劲向前发出。此时，拳心向下。同时，左手相对地转为逆缠，将拳向后放劲以收回，并置于右腰际。拳心向下。蓄劲时，右足为实；发劲时，左足为实。（图 24）

图　23

图　24

要点：

此式是第二趟架子中运用最多（六次）的拳式，其要点在于加强练习“蓄劲如开弓”的劲。它是由含胸拔背作领导，使两臂具有 6 字形的合住劲。在练习发劲时，要有将物掀起而下挫的发劲。因此，上半节须如开弓以加强弹性，下半节更须有如放箭深入箭靶之中的钻劲。这是使劲发得长远的具体表现。为此，发劲之先要有下沉的小圈，乃使牵动的蓄劲与发劲两者合一，不可单用没有牵动的直线蓄发劲。

第十八式　飞步拗鸾肘（胸向东转北，再转南）

动作：在上式“掩手肱拳”的发劲后，双拳在原位一小逆缠，前后合住劲；当右拳逆缠向前、左拳逆缠向后为开时，右脚随之提起，并向前飞步跃进，落地为实。同时，以右足作旋转中轴，使左足划弧超过右足，置于右足的东侧，使身腾空转动 270°。(图 25) 这是假定上式“掩手肱捶”在右手发出劲后被人所采，不及收回而采取的拳式。对方是顺着发的方向要劲的，为此，就不得不连随，以适应于人，用飞步顺应要劲。在顺应飞步的过程中，向左自然地翻转身来，用背

图 25

图 26

折靠劲来解脱被采的右手，有类于一路的“玉女穿梭”各式，同样是跃步，但手法不同。(图 26) 在转过 270°大转身后，假定大转身的背折靠劲仍不能解脱被采的右手，则在转身后，双手以双逆缠联合为一，左掌心压在对方的采手上，使双臂形成一横向的环形，并以右肘劲前击。这是最后的一着两用，是解脱，也是进击。转身后，右脚实；发肘劲时，左脚实。最后形成的拗鸾肘如图 27。

图 27

要点：

这是最后用背折靠劲以解脱被采右手的方法。因为旋转身躯的关系，又可使力作用点的距离突然形成对己有利的悬殊对比，以达到以轻制重，是不求解脱而自脱的拳式与着击。同时，此式不同于前几式的是把左掌压在右肘间，并以背肘联合横击对方。这是一种压住对方来采的小臂，以固定对方的采点，不使之变换，并把人横摔出去的一种特殊拳式。因此，同样是一着两用。它的要点在于飞步而出之后仍能立身中正地落地。尤须注意的是发出之后，仍须双臂曲蓄有余，而不是十足伸直其手。因此须运用飞步而出以适合要劲。这是一连串解脱动作中最后解脱的方法，也就是第二套架子练习采挒和解脱采挒的举例。此式虽以肘劲前击，但其根仍在右侧的背折靠劲。为此，其要领须在立身中正的基础上，方可得到肘靠并用的统一。

第十九式　运手（前三，胸向南）

动作：双手同时往左，再同时往右，然后再往左运动，成

图　28

图　29

为三个运手，与第一路运用稍异。在前式拗鸾肘的合劲后，重心全部移于左腿，右脚向前并步，以脚尖点于左脚旁；同时，左掌逆缠向左运转，右拳变掌顺缠左运。（图 28）接着重心右移，右脚踏实，左脚跟先离地提起；同时，双手右逆、左顺缠，右掌经面前，左掌经腹前向右运转。（图 29）接着左脚向左横开半步，重心逐渐左移，左脚踏实，右脚变虚；同时，双手左逆、右顺缠，左掌经面前，右掌经腹前向左运转。（图 30）

图 30

要点：

此式要在曲线缓和的运动下作左顺右逆和右顺左逆的缠丝变换，并在不动步的条件下提腿和放腿，充分表现出手脚上下相随的虚实划分的要求，这也是此式的基本要求。第二趟架子经过了前几个跳跃吃力的拳式，到此可以调整一下呼吸运动。所以双手在这种∞字形的动作中，对运动的速度是可缓、可快的，是第二趟架子自然分段的地方。

第二十式　高探马（胸向西）

动作：做了前三个运手后，以左脚跟为轴，身体右转，右脚跟离地；同时，双手右逆、左顺缠，右掌经面前、左掌经腹前向右运转，当左掌运转至身右时，手心朝上。（图 31）接着右脚提起，身体继续微右转；同时，右掌顺缠经左掌下侧里收，掌心朝上，左手逆缠经右掌上侧前推，掌心朝外面下

方。（图 32）

图 31

图 32

第二十一式　运手（后三）

动作：做了高探马后，接着双手以右逆左顺把右手转向右前，而左手转向胸前。在此双手转换的同时，全身以左足

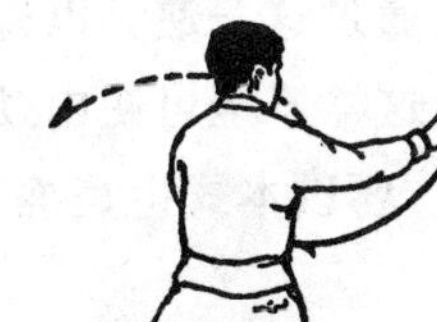

图 33

图 34

为旋转中轴转 90°。同时，右足落地一震脚而变为实，左脚向左横开一步，先以脚跟着地。（图 33）重心移于左腿，左脚踏

图 35

实，右脚向左并半步，以脚尖先点地；同时，双手左逆、右顺缠，左掌经面前、右掌经腹前向左运转。（图 34）接着右脚踏实，左脚向左横开半步；同时，双手右逆、左顺缠，右掌经面前、左掌经腹前向右运转。（图 35）

要点：

第二趟架子中有前三个和后三个运手，前三个胸向南；后三个胸向北，动作的基本要求和作用皆相同，不再重述。因此，本式要点也不再说及运手动作本身，而只讲由正面提腿做高探马后转向背面的一转。此动作要求在曲线缓和、缠丝不断和内劲贯串中转过身去，因此，必须做好在转身过程中收回左手在胸前逆缠的一个小圈。通过这一逆缠以挪转身躯，可将身躯及缠丝悬空地变换过来。这样不但可使内劲不断，还能把内劲贯串到下一个动作内去。所以本式也是练习节节贯串的一个难度较高的动作。

为了容易做好转过身来，陈发科到了北京以后，为了使陈式太极拳大众化，在这一转中加入云手及高探马两个拳式。这样就没有了空中急转而贯串的要求，就容易做了。

第二十二式　高探马（胸向北转西北）

动作：在上式的右转肱掌以后，当身再向左转时，双手先双顺地双合起来，使双手在胸前交叉而过，再双逆地双开起来。合时左脚为实。（图 37）开时右脚为实。（图 38）这是一个联系下一式的拳式，与第一趟中的“白鹤晾翅”是一样的劲，不过双手高低比较分得平些，双腿跨得大些，要表现出圆裆。

图 36

图 37

要点：

这是一个由双顺而合，再由双逆而开的拳式，要求在合后转开的过程中没有棱角和凹凸，使缠丝劲运到弓背上。同时，要求在扩大而开展的姿势下，节节贯串地加强弹性锻炼，以提高掤劲。合时应注意双手大指，并以左手指为主；开时则应注意双手小指，并以右手指为主。

第二十三式　连珠炮（一）（胸向西北转西）

动作：从上式的开劲到此式的合劲，是由双逆缠而合。此时，右手逆缠到胸右，掌心向左外；左手逆缠到胸前，掌心向右外，双手在胸前一合劲。此时左足实，右足虚。接着，双手顺缠前掤，同时变右足为实，当双手转双顺而下时，左足后退一步，重心亦立即移左，坐左腿为实。在双手下塌时，形成全身蓄劲之势。(图 38) 接着，双手又转双逆缠向前上方卷蓄起来，变右足为实。然后双手又立即由前向左后顺缠而下。当双手下塌时，又变左足为实。这是在前一蓄劲的基础上再加一蓄。最后以双逆缠发出捌劲。此时右掌心向外，左掌心向下。在发劲的同时，右足向前迈进半步，左足亦随之跟进半步，足跟铲地有声。（图 38、39）这是第一个连珠炮动作，本式共有三个连珠炮动作。

图　38

图　39

要点：

本式适合于太极拳进入人圈内活动的开门手法。它的特点是以主动旋转双手作为进入人圈的拳式。它的手法犹如推动水磨一般，以左手的旋转于内来防御胸口，以右手的旋转于外向前攻取。两手这样内外结合起来，不断地用左手加水料，用右手转动石磨地运动。同时，双足以跟步的步法跟进。虽然不去求沾对方，但只要旋转攻取的右臂某一部触及对方某一点时，就可在触及处作为沾点，连随地粘着而变化万千。此式采用了“以身进退”和灵活变换的中正身法，在客观上需要应变和转换时，都有裕余，并足以支撑八面。其次，因为上式是展翅的双开，因此本式首先须将它卷蓄起来。这是为了蓄而后发。同时，为了发得更脆，在发劲前再缩小一圈，以进一步加强它的弹性，然后沉着的发出劲去。发劲时，虽然右足为实，但为了“中土不离位”的中正关系，前足的实与后足的虚要求相差不大，以便可以迅速旋转着向前迈进。

第二十四式：连珠炮（二）（胸向西）

第二十五式：连珠炮（三）（胸向西）

动作：在接做第二个和第三个连珠炮时，右手由前上顺缠向胸前，左手由左后下顺缠与右手合于胸前。此时，坐左腿又形成全身蓄劲。（图 40）以后由图 40 到图 41 的动作，与第一个连珠炮同。（即相同于图 38 到图 39 的动作）

图 40

这个拳式可以根据练习者的需要，接连多做几个或者提出专练，它的动作与前几个连珠炮同。但为了使整趟架子在结束时仍回复到原地，所以当此式多做了几个以后，则后面的“白蛇吐信”也要同样多做几个，使做这两个拳式的次数相等。其它要点与第一个“连珠炮”相同。

第二十六式　倒骑麟（胸向西转东）

动作：在上式连珠炮的三次上步后，两掌相互双合；先将左掌逆缠转向胸前，掌指竖起，掌心向右。同时，右掌逆缠转护在左小臂之外，重心前移，右腿为实。（图 42）接着，

图 41

图 42

右手逆缠向右后上，左手逆缠向左前下；同时提起左足，双手分开，以右足为转动轴心，向右转 180°，(图 43) 转身向东；当转到东时，由开而合将身躯带转过来。此时右手在右下，掌心向下；左手在左上，掌指竖起。此时，左脚随转体转过来后仍提起。(图 44)

要点：

以右脚为轴，左脚随转体跨过来时，上体仍不可前俯或

图 43

图 44

后仰。由于左脚随身体向右后转180°而反跨过来，所以取其倒跨之意，称名为“倒骑麟”。

第二十七式　白蛇吐信（一）（胸向东）

动作：在上式左脚倒跨过来后，紧接着以右手向前顺缠为主的一小圈，用指的挒劲击出。同时，左手在后仍以逆缠配合右手向左后一齐发劲。此时，左足前迈半步落地为实，右足立即跟进，铲地有声，完成第一个白蛇吐信的挒发劲。（图45）这个拳式是人们不常有的拗步动作，要费些功夫才能纯熟得劲，或者提出来专练。

图　45

要点：

此式同样可以作一种开门手法，为拗步进入人圈的方式；都是以身进退，不许有俯仰倾斜的身法，避免在人圈内产生仅能支撑一面的毛病。为了能做到纵横前后灵活变换，在这一拳式内的虚实划分与“连珠炮”相同：亦要求小虚小实①，以便进圈后，触及任何部分，就能得到顺遂的沾粘作用，所不同者在于前式连珠炮是顺步，此式“白蛇吐信”是拗步（有时为了简化易做，有人把第二个“白蛇吐信”改做“掩手肱捶”，以后再做第三个“白蛇吐信”，这就比较容易做得多

① 小虚小实，乃是指双腿的荷重分配比例：假定两腿荷重共计100斤，一腿是55斤，另一腿是45斤，这样只要微微动一下，就可以很快将虚实变换过来；所以功夫深者的虚实差别小，外显的圈儿也小。

了）。练习拗步前迈时，起初会有些别扭，因此必须多加练习。同时，这一拳式是短距离的蓄发，所以必须含胸拔背，由脊椎带头，做到节节贯串和劲由脊发。这是全趟架子劲由脊发的代表性动作。如仅由两个手臂表现弯直的发出是不合要求的。若能提出专练则更好。

第二十八式　白蛇吐信（二）（胸向东）

第二十九式　白蛇吐信（三）（胸向东）

动作：上式“白蛇吐信”的蓄劲是由“倒骑麟”合势分转后再一合劲来完成的。而这个“白蛇吐信”的蓄劲，则是在“白蛇吐信”的发劲之后进行蓄劲的。这是两个“白蛇吐信”的不同点。开始时，右手在前以顺缠蓄至胸前，掌心向左。同时，左手在左，以逆缠转到左胁侧。蓄时双臂合住劲，重心后移，右足为实，左足尖点地为虚。（图 46）接着，右掌

图　46

图　47

在前顺缠为主的一小圈，用指的挒劲击出。同时，左掌在后，以逆缠配合右掌一齐发劲。此时，左脚前迈半步，落地为实，右足立即跟进，铲地有声，完成第二个“白蛇吐信”。（图

47）此式亦可根据练习者的需要，多做几个与“连珠炮”次数相同的白蛇吐信。

要点：同第一个白蛇吐信。

第三十式　海底翻花（胸向东转西）

动作：这是一个特殊的拳式。在上式右手向前发出挒劲后，即与后面的左手双顺缠的交叉而合。合后以右顺左逆的双开劲把身向右旋转180°。此时重心移在左足，形成独立的姿势。在转向西面过程中，左右手成拳，右拳以拳背向下后击发，拳心向前。左拳向上后击发，拳心向右。（图48，自图48起直至最后一图止，由于从前为陈发科老师摄影时都拍了动作反面的照，因此后面所有的图照，以面朝读者为向北，背朝读者为向南，面朝读者左面为向东，面朝读者右面为向西，后面不再重述）。

图　48

要点：

这一拳式以运动肘关节为主。左拳向后上和右拳向后下的上下击发，是少有的向后方的发劲，因此它的要点在于上下向后发劲时要求保持身躯的平衡。

第三十一式　掩手肱捶（胸向西）

动作：在上式提起右腿，双拳在上下分别向后侧击发后，右拳以顺缠微上提后，再以顺缠下沉，拳背向下，右脚同时震脚于地。同时，左拳配合右拳以逆缠微下沉后即上举，全身重心全在右腿的一震上。待右拳顺缠到拳心又向上，并加一下沉劲后，再转为逆缠时将劲发出。发出之手，仍须留有裕余，不可十足伸直。同时，逆缠上举的左拳一转为顺缠向后为宾的发出，以保持有主宾的双发。（图 49）

图 49

要点：同第十七式“掩手肱捶”。

第三十二式　转身六合（胸向西由北转南）

动作：由上式“掩手肱捶”的开，将在前发劲的右手顺缠地收于左肩前；同时，左手逆缠伸于裆前。同时重心右移，身体右转。（图 50）然后接着两拳向左右分开。（图 51）接着重心全部移于左腿，以左脚跟为轴，右脚提起，身体向右后转；同时，双拳合拢交叉于腹前，右拳在里，双拳心皆朝里。

图 50

图 51

(图 52)

第三十三式　左裹鞭炮（一）

接着右足落地震脚。(图 53) 同时左足向左横迈一步；双

图　52

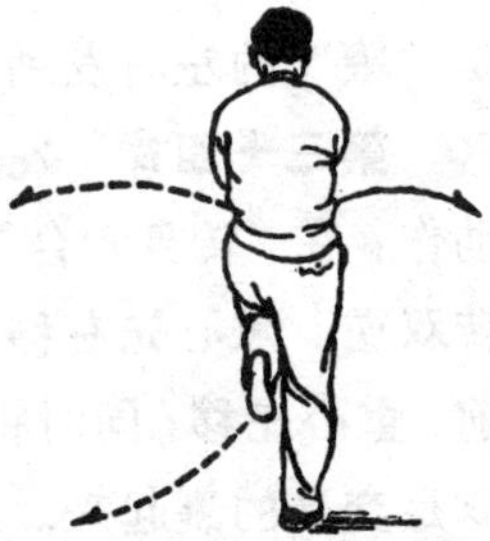

图　53

手转双顺，向左右两外侧并微向后的发出挒劲。此时，拳心向前上，发时左手左足为主。这是裹鞭（变）中的变势。(图 54)

要点：

图　54

含胸拔背意为脊背上下绷紧。此式由于裹的关系，脊背上下左右四面皆绷紧，是练习力由脊发的又一特殊拳式，也是第二趟架子练横行步法的拳式。这是一种群战式的步法。当腿与臂交叉时为“裹”，是腿的蓄劲。当将两腿分开为“鞭”时，

是腿的放劲，能使人练成轻身横跃的功夫。此式的要点是在发之先，要紧紧裹一下，使气更向下沉，然后才能很脆地左右发出劲去，表现出具有坚刚的弹性。这样连蓄连发两次。同时，当双手由顺缠的双开转逆缠的双合为“裹”时，正是全身紧裹，气贴脊背，形成十足蓄劲之时；一经落地震脚，即刻就是“鞭”的左右发劲。

第三十四式　左裹鞭炮（二）（胸向南）

动作：在“转身六合”和前式“裹鞭炮”左右发劲后，双拳复转双逆，重心先右移，使右足为实，然后再使双拳合于小腹前，重心左移；同时将右足提起，下落在左足的左边，使双拳双足交叉的裹起来。这又是一“裹”。（图 55）此时双臂裹紧，具有下沉劲，脊背亦须绷紧。接着将双拳转双顺，向左右两外侧并微向后发出挒劲，同时左足向左横迈一步，这又是一“鞭”。（图 56）此式亦可根据需要，连缠多做几个，动作与左裹鞭炮（二）同。

要点：

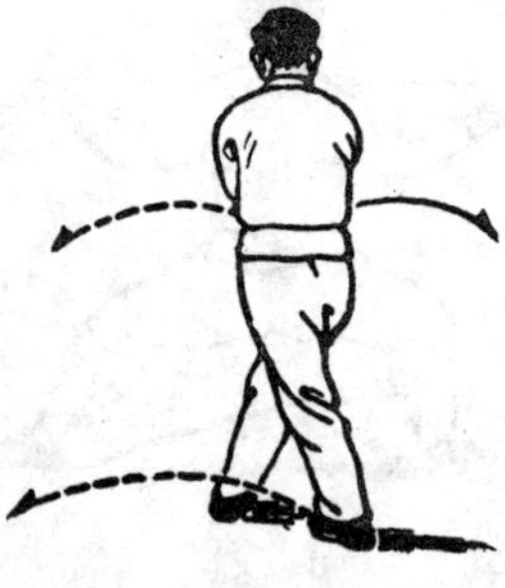

图　55

图　56

这是一个既是“走”，又是“攻”的群战拳式。它的要点在横跃下落时要表现得沉着不浮；同时在一裹一变过程中，不得断劲，以适应群战无空隙可寻的要求。所以，在第一个裹鞭的双开发劲后的连接点上要做出一折迭，使内劲能曲线缓和地接到第二个裹鞭中去。

第三十五式　右裹鞭炮（一）（胸向南转北）

动作：上式第二个裹鞭的双顺发劲是双开劲；开后再向外下一双沉劲，双拳均改为双逆缠地卷蓄起来，并合于小腹前，拳背相对；同时，以左足为旋转中轴，提起右足，利用双拳的双合劲，左臂圈小，右臂圈大。把身向左边带转 180°，左足以足掌贴地随转体扫转半圈。(图 57) 此时，双拳亦转为双顺向左右两侧，并微向后发出挒劲。发时左手、左足为主，形成转身后第一个裹鞭。(图 58)

图　57

图　58

要点：

它是以左足作为旋转中轴，用蓄劲的“裹”势来挪转身躯。左足随转体横扫半圈，在这一过程中仍要保持身体的平稳，这是转身后一“鞭”的发劲脆与不脆的重要条件。其余要点与前两个裹鞭同。

第三十六式　右裹鞭炮（二）（胸向北）

动作：这个拳式与转身前的第二个裹鞭同，唯胸已转向北面。（图 59、60、61）

图　59

图　60

图　61

要点：同第三十四式。

第三十七式　兽头势（胸向南转东北）

动作：在上式裹鞭双开的发劲之后，右足向右后与左足相平作同宽度的弧转 90°。然后左足向左后挪转半步，转过身躯。同时，上部以右拳顺缠由外而内地划弧，转到左肘之下，拳心向内。左拳逆缠，由外下而内上地竖起，拳心向右，形成双合之势。其时，右足实。（图 62）接着将竖起的左臂，再顺缠向左横坠，从右向左后为宾地一放劲，同时左足向左后退步，仍以右腿为实，以配合转在肘下的右手向前横臂，以顺缠发出横臂的肘劲。（图 63）

要点：

图 62

图 63

此式开始时竖起左臂，横着右捶，形成蓄劲的姿势，要求将身手内掤劲贯足。右足弧转半圈的卸步向右后，能促使掤劲贯足。这是“退即是进”、“守即是攻”的作用。因为当竖起的左臂一经横塌后，形成掤合劲的加强，右臂立时超越左臂上面而发出肘劲，即所谓出其不意，攻其无备，使对方不易防御。这种以横着的小臂发出肘劲的拳式，除后面“夺二肱”同为练习掤发劲的拳式外，第二趟架式中再无其他练掤发劲的拳式，因此须仔细练习。(据云这是由戚继光拳式中选出的)

第三十八式　劈架子（胸向东北）

动作：此式在“兽头势”掤发劲之后，右拳向下再转上地一小顺缠。同时，左拳向上再转下地一小逆缠。当相对的转动到左拳在下、右拳在上成为一条垂直线时，将右足跃起；同时，左足向前迈出一步。这时双拳均变为掌，紧紧交叉地双合起来，并使裆圆而下沉，内藏近距离的肩靠劲。此时左足为实。(图 65) 上一动作是在蓄劲之中发出左肩靠劲的；不

图 64

图 65

须再蓄劲，只要将前式蓄劲放开，就是发劲；是用左手向上外顺缠发出的，是太极拳中唯一的上击劲。击中的目标是人之下颌。此式是用捶或用掌两者俱可的拳式，也是右手向下内为宾的逆缠后击法。（图 66）

图 66

要点：

这是在上式掤发劲之后转为蓄劲，并在蓄劲中寓有放劲的拳式。在双手交叉横迈半步时，右手在上向左上的扑面掌的挒劲和左肩向左外的肩靠劲要同时并用。两劲仅有一靠劲，一明一暗，一真一虚，为此式的特点。因为凡用肩靠劲发出时，头部最易被人所制。所以此式在七寸近距之内，同时用扑面掌有前击形势，因此对头部不但起了保护作用，而且亦补助了肩靠劲的不足。

在蓄势蓄劲之中使用靠劲，要有安稳的中正劲；如靠劲落空，靠之一边，肘击手挒均已蓄而待发，随时皆可补救其不及。

图 66 是运用隅手为主的手法之一。它在掤发劲、掌挒劲和肩靠劲之后，再加上独一的上击劲。这是连珠式的击发劲，目的是击中对方而不在发出对方。但是击中对方下颌，同样有使对方跌倒的可能。这是太极拳手法中的一个特殊击法。同时，由于前一拳式对双手双足都已蓄劲十足，因此这式的上击，其要点在于一沉其劲当中能更加高度地集中其劲，这样才能使向上击发的动作表现出坚刚而沉着的内劲。

第三十九式　翻花舞袖（胸向东南转东北）

动作：此为继上式双分其劲的上击之后，一变为下沉的身法。动作之前，须再加一沉着的弹性劲，并由顶劲带头领起身躯。这是“意欲向上，必先寓下”的要求。因此，在由后下转为前上的神气鼓荡的配合下，带动右手由后下逆缠向前上。同时，左手在前做顺缠小圈，配合右手合住劲。接着，右手仍以逆缠由前上向前下用掌缘下砍，如同用斧砍柴一样。砍时全身须松开，要用弹性劲；同时，左手向左后方为宾地一击。当双手向后右侧时，提起左足；当双手到达上前时，左足落地为实；同时右足向前迈出一步。右手下砍时为实，右足为虚。（图 67）

图　67

要点：

此式也是从戚继光拳式内选出来的，它与前式不同；前式为由下上击，而此式为由上下砍。为了做好下砍，首先须合住劲于胸前，然后联合身手的内劲，并在转圈后下砍。此时，要求手足协调，并在得势得劲之下表现出坚刚的一砍。因此，双手须在转过一大圈后，方始下砍；犹如拿着大锤转个圈后打铁一样。这是第二趟架子唯一转圈下砍的拳式。在击发下砍时，身躯必须中正不偏，且具有弹性的松开，这是利用转一圈的惯性力以加强下砍劲的具体表现；要做到使两手和两腿同时并用，以达到极其协调的要求。

第四十式　掩手肱捶（胸向东北转东）

动作：此式连接在"翻花舞袖"之后，与前"掩手肱捶"不同：此式须由顶劲带头领起身躯，将右腿提起，落在左腿平行的地点上震脚为实；同时，将左腿向前伸出一步为虚。此式要求在跃起时前后腿掉换位置。当身躯领起时，右手顺缠与左手逆缠地双合起来，在右腿落地的同时，双手以双逆缠分开，再转蓄起。此时右手改掌为拳，放在右腰侧，并在一沉其劲之下以右拳为主发出劲去。此时，左手以逆缠向后为宾地放劲。（图 68）

图　68

要点：

在做"翻花舞袖"拳式内的下砍时，是松开地一砍，使人具有将劲向四周扩散的气势，如同灰袋落地，灰向四周散开一样；因为是松开的砍劲，因此，当做下一拳式时利用下砍的弹性以领起身躯，犹如将四周的劲集中一点而领起一样。及至右足落地震脚和左足伸出迈步时，意识上又有将劲铺开来的意图。这是这个拳式应具的神态。

第四十一式　伏虎（胸向东转东南）

动作：在上式右拳发劲之后，逆缠地收回右拳，同时左手逆缠成拳，向左前放开。当右拳逆缠向后时，将在后的右足再向后右挪展半步为实，及至右拳逆缠向右外作一大圈，再作一小圈，使右拳到达左额角时，完成伏虎的拳式。同时，收回的左拳向左内一小圈，当转到左腰侧时，撑在左腰际。此时右足实，左足虚。（图 69）

图　69

要点：

此式在左右前后和上下旋转一个大圈（大蓄劲）时，要使身躯在运转中越运越低，同时大圈儿也越转越小，这是形成身躯螺旋向下的最明显的一个例子。此式与一般拳式不同的是在开的姿势下形成蓄劲；因为身躯越向低处运转，作用于腿部的蓄劲的弹性亦愈大。这种蓄劲，能为下一式轻灵跃起的弹力作好准备，这是第二趟架子最低的拳式，也是腿部缠丝配合手的缠丝最明显的一个拳式。

第四十二式　抹眉红（胸向东南转北，再转南）

动作：上一拳式是大蓄身法，做这一式时，则是在上式身法蓄得十足的情况下的大放身法。在脊背右边放长和弹性十足的基础上，运用腰脊弹性恢复的收缩过程，以右手顺缠从上划弧向下转前一甩（假定上式伏虎撑腰的左手被采），左拳以逆缠由下后向上划一个整圈，借着右拳向前一甩的离心力将身躯领起，右足亦随之向前跃出一大步，左足随后跟进。此时双足离地。（图 70）跃到对面当右足落地为实时，使身躯在空中向左旋转 180°，使左足置于右足的东侧。此时，左拳亦由上逆缠向下置于腰间。（图 71）在跃进转身过程中，很自

图 70

图 71

然地表现出一背折靠劲，以去掉被采的左手，并收回左手置于腰间。

要点：

此式主要基于上式的蓄劲。在跃进之前，须将腰腿后坐一下，以加强弹劲。然后借着蓄劲的弹性，使身向前上跃起，这是跃得轻灵而易转的关键。转身时务须中正其身，这是背折靠劲得以安全发放的保证，也是不去求解脱而自然得脱的基础。

第四十三式　右黄龙三搅水（胸向南）

动作：此式跃起转身后，左拳撑腰，接着右手在胸前以顺缠划圈。当右手往下划圈时，右足随即提起为虚。（图 72）当右手往上划圈时，右足又落地为实，完成一次“搅水”。（图 73）接着继续再做两次“搅水”动作。（图 74、73，再接 74、73、74）

图　72

图　73

图　74

要点：

按照运动技能的要求来说，拳式愈简单，则愈难做好一动全动的要求。此式仅右手一只手划圈，右足配合上下分虚实以进行运动，这样的动作是比较简单的，因此，是练习缠丝劲以达到节节贯串的基本功。要达到一动全动，其要点仍在于腰脊的带动和手臂劲的松开，如同鞭子一样划圈，这是做好此拳式的关键所在。

此处正是第二趟架子的第二分段，可根据需要，反复多做几次。因为在“搅水”以前，连续进行了一系列较激烈的运动，在此可以使人得到一定的休整。

第四十四式　左黄龙三搅水（胸向南，转北）

动作：接上式，转过身来，换为左手“搅水”划圈。它的做法与右手的“搅水”动作基本相同，所不同的是要做到在左右手交替和转身时须保持内劲不断。上式当右手划圈到由下转左时，撑在左腰的左拳放开并逆缠向右上来迎，形成左微下、右微上的相合。此时右足上提为虚，一待交叉后，双手立即变为双逆缠，由腰脊带头和右手的牵动，转身向右带转 180°。同时，右足落地为实，并作为旋转的中轴。随之，左足亦立时随身作弧转，置于右足西侧，完成转身的过程。同时，左手由逆转顺向左外侧划圈。右手则在一小顺缠后置于右腰侧。（图 75）这是“左黄龙三搅水”转身后的起点。以后与“右黄龙三搅水”一样，当左手往下划时，左足须提起为虚。（图 76）当左手往上划时，左足又下落为实。（图 77）完成一次“搅水”。接着再做两次“搅水”动作。（图 78、77，再接图 78、77、78）

图　75

要点：

此式本身的要求与“右黄龙三搅水”同，但要特别注意的是在转身换手之时，不但要转得曲线缓和，同时还要求贯串一气，不使有断续和凹凸发生。其关键在于左手放开和右手相合时，形成两膊相系，能做到在再分开一转时，劲就由右手换到左手去。

图 76

图 77

此式要点与动作虽同前式，但为了使左手具有同右手一样的灵活程度，此式可多做几次或十几次；此式运动时右足位置不变，因此在原地多做几次，并无损于整趟架子的结构。

第四十五式　左蹬一根（胸向北）

动作：在上式“搅水”之后，当左臂顺缠从内向外划弧时，撑腰的右手放开，并乘势加入相对又相分的划圈；当转过一个圈后再转向下时，就成为双合劲。此时掌心对掌心，双手相对比肩略狭，并置于腹前。当右手加入到最后为合时，左

图 78

图 79

图 80

足由实转虚。(图 79) 在双手不停地划圈之下，继续以双顺缠加紧一合，使双掌变拳交叉于胸前。此时，左手在外，右手在内，同时，提起左腿。(图 80) 在达到交叉的终点后，将双手和左足尽力向左右一齐发出劲去。这是在右足独立姿势下将左足蹬出劲去的。此时左手为主，右手为宾。(图 81)

图 81

要点：

此式的弹劲是在双合中产生的双开劲，因为当双手为双合时，肘与膊寓有双开劲。同时，在两足微曲而双合时，因圆裆而使腿也有双开劲。这说明双臂与双腿均有相系的外掤劲，这是发劲能松脆的关键。待双手和左足齐向左右两侧分发时，由于双手分发的稳定作用，使身躯在发出时能得到一定的稳定性。这种发劲是练习关节韧带、加强其弹性的良好办法。

第四十六式　右蹬一根（胸向北转南）

动作：在上式“左蹬一根”之后，双手由逆缠向左一合，牵动身躯左转过来；同时左足落地一震脚，并提起右腿，形成左腿独立，双手在右膝两侧合住劲。(图 82) 接着将双手和右足尽力向左右一齐发出劲去，这是在左足独立姿势下将右足蹬出劲去的。此时右手为主，左手为宾。(图 83)

要点：

此式是提着左腿向左平旋过来；平旋时不易达到稳定的

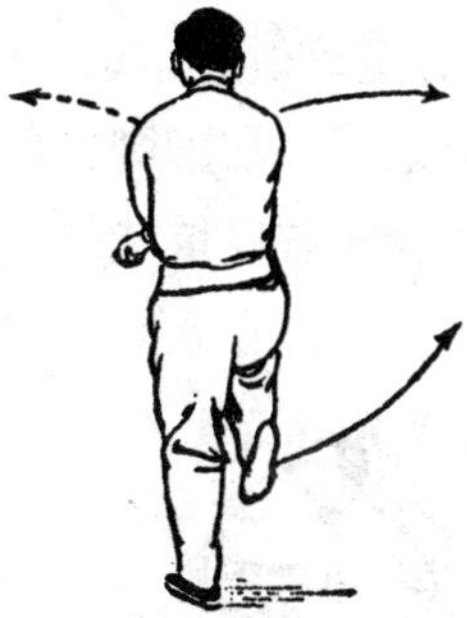

图 82

图 83

转动，因此，其要点在于顶劲提起和双手逆缠相互合住劲，使脊背绷紧，左足尖向下，以减轻左腿悬坠的下沉重量。这是右蹬脚前转身时应掌握的蓄劲姿势。当左足落地一震脚后，立即提右腿，把右足和左右手一齐向两侧发出。

第四十七式　海底翻花（胸向西）

动作：同第三十式“海底翻花”，惟转身幅度较小，余皆相同。（图 84）

第四十八式　掩手肱捶（胸向西）

动作：右足下落震脚为实；此时右手为顺缠，左手为逆缠。当左手转向左前时，左足向左前迈进一步；同时右掌变拳转逆缠发出劲去，左拳逆缠转后，向左后放出劲去为宾。（图 85）

要点：同第十七式。

第四十九式　扫蹚腿（转胫炮，胸向东，转北，后转南再转北）

动作：在“掩手肱捶”发劲之后，右手在前逆缠收回再向前划一个圈，左手在后逆缠向前又向后划一个圈。（图 86）当右手再逆缠由前收回到右腰前时，右足蹬地震脚；此时左拳逆缠向前上举。（图 87）紧接着震脚之后，右脚脚尖外撇，向右后迈出小半步，形成旋转惯力，把身向右后带转约 280°，

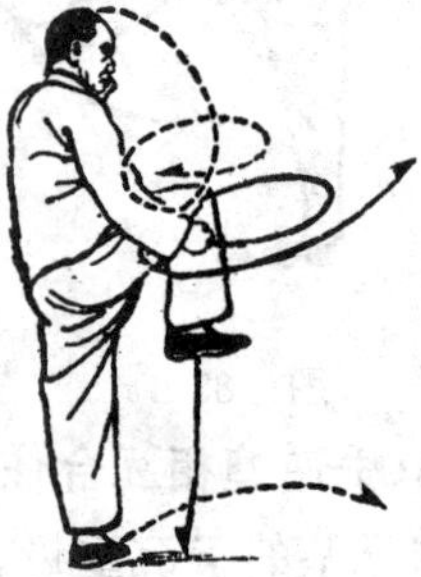

图 84

图 85

图 86

图 87

右腿下蹲，左足亦随之仆腿划弧转扫 280°，扫至右足的西北。（图 88）

要点：

此式是练习足部横扫时的踝击劲。为了稳定地旋转左腿，横扫一个整圈，就必须使意气上表现出犹如右足在地面生了根。其次，为了加强腿的横扫劲，须利用右脚向右后、脚尖撇迈小半步，来带动身腿的旋转，形成旋转的惯力。再次，须做好上下配合一致，才能使身腿轻灵而沉着地旋转；这主要在运动的前半圈是如此，姿势是由高转低，而在运动的后圈，则内劲又须由低再转高而后落地。这也是一个难度较高的动作，是练腿领身的运动，能使腿部肌肉放长和增强。为了加强腿的横扫劲，可提出作为散手专练，也可以做两个 360°的扫蹚腿。

图 88

第五十式　掩手肱捶（胸向北转东）

动作：在上式转过 280°以后，双手交叉合于胸前（图 89 甲）接着双拳变掌，分别向左右两侧弧形而上展开；同时，右足离地提起，左足即蹬地跃起。（图 89 乙）接着右足落于西南方，左足随着落于东北方。双手自上双逆缠合于胸前，再顺缠而开，逆缠而合，然后右拳打出，左拳收于左肋下。（图 90）此式与前十七式不同者仅有跃步动作，待两足落地后，即与其他几式“掩手肱捶”相同。

要点：

这是架式盘旋上升到达终点时的一个稳定动作，是继身

图 89甲　　　　图 89乙　　　　图 90

躯大旋转之后一种螺旋式上升的练习，也是在体育上对前庭分析器的一种良好锻炼；要达到这一稳定作用，在扫蹚腿终了时立身必须中正。

要点：同第三十一式。

第五十一式　左冲（胸向东）

动作：因动作是由左腿在前开始的，故名“左冲”。它在上式“掩手肱捶”发劲之后，右拳顺缠收回，左拳逆缠向前伸出，两拳合住劲，形成双拳相对。（图 91）接着借着前伸的左手与右手双双下沉向右胁侧划一个圈，划到后上时收回左足，并上提为虚。（图 92）当双拳又由上转下到左腰侧时，左足落地一震足。划到前下时，迈出右足；双拳转到左胁侧后，下沉其劲，（图 93）这是冲捶的蓄势。接着以双顺向前上发出抖劲。划圈下沉时，在后的左足为实，双拳向前抖出劲时，右

足为实。（图 94）

图　91

图　92

图　93

图　94

要点：

此式动作是双拳由右侧转到左侧，整整划两个前后上下的大圈。动作要接连不断，一气呵成，因此必须利用旋转惯力，这样才能使劲贯串到最后的抖劲上去。如内中有断续，就会失去加强其劲的作用。同时，这是练习抖劲的一个必要拳式。初学时，抡两个大圈后，方始发出抖劲，以后可以渐抡渐小，逐步减到一个圈；最后，只要意念一发动，就可同样地发出抖劲。这是发出抖劲的最深功夫。

第五十二式　右冲（胸向东）

动作：因动作是由右腿在前开始的，故名“右冲”。此式先是右腿在前，最后换到左腿在前；双拳先从左胁侧转到右胁侧，划两个大圈后抖出劲去；在这两点，此式与上一式正相反，因此它的动作路线与上式是对称的。（图 95、96、97）

图　95　　　图　96　　　图　97

要点：同“左冲”。

第五十三式　倒插（胸向东，转东北）

动作：在上式发出双抖劲后，假定右手被采（这种采劲，常可使被采者下跪），为了做到沾粘连随，使之不与顶抗，右手就以逆缠下随，使右手与左手相合。合时左手垫在采手下方，并以右手下压，做初步的解脱。此时右手向下为实，右足上步为虚，与左足并立，脚尖点地，这样双手靠近自己身躯的上下，是为“合中解脱”，是以轻制重的又一范例。（图 98）

第五十四式　海底翻花（胸向东）

动作：如上式倒插不能“合中解脱”，则再往下沉后突然一转，放长身躯，转为上下双开其手。这是在气贴脊背之下，由顶劲领起身躯，为二次解脱，是“合中解脱”后的“开中解脱”的方法。在“开解”的同时，右手顺缠向右上再转右下，左手逆缠向左下再转左上，整个身躯放长，左足独立，右足提起（做为踢的准备）；左拳向左顶上放劲，拳心向右，右拳向右腰侧下放劲，拳心向前；其动作与前几个“海底翻花”同，惟本式仅微微转体，前几式转体幅度较大。（图 99）

图 98

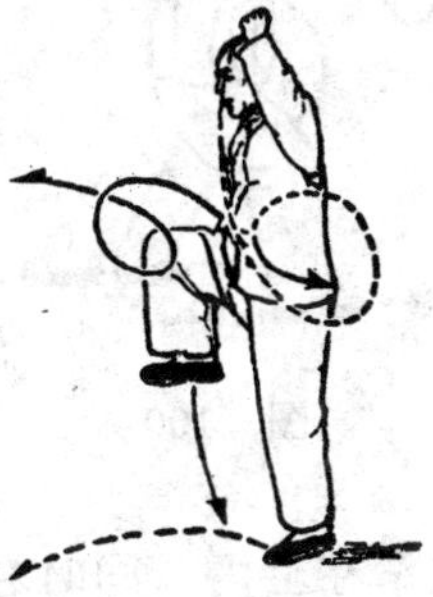

图 99

要点：

太极拳多用往下采的采劲，借使对方不易运用连随得到解脱；为此，右手逆缠向下，右足前迈；左手垫入采手之下。由于“倒插”的右足上步，即使自己的双手靠近自己的圈心，从而加大了作用于对方的力矩，同时减少了自己的作用力矩；一大一小，又是一种以轻制重的典范，可使自己“得势”。这种上压下垫的解脱，为求解脱的初步形式。如仍不能得脱，与对方发生了顶抗，则应顺其顶抗之劲而一反其路线而行，把左手转在对方采手之上，并使左手下斩和右手上提，使和

“斩手”一样。同时一震左足，使整个身躯放长而起立，双手双开其劲。这是变换的解脱形式，说明在海底部位间有双开、双合的翻转与变换，也是击发与解脱一着两用的手法。

第五十五式　掩手肱捶（胸向东）

动作：在上式右腿提起之下，接做发劲，其动作与第五十一式同。（图 100）

图　100

要点：同第三十一式。

第五十六式　夺二肱（一）（胸向东，转南）

动作：上式“掩手肱捶”发劲之后，先略微双开其手，随即左拳逆缠，右拳顺缠，从右边转回一合劲。此时右拳在下外，左拳在上内，同时右足跟进半步，使与左足靠拢。然后双拳转为双顺，使右拳向上收回到胸口，左拳下沉到左膝前，同时左足向前迈出半步。（图 101）接着，重心前移，使左足为实，同时由于合劲，以左足为轴身向右转 180°。在后的右足同时提起向左后侧退步（横移半步）。在转身过程中，双拳继续在胸前里外双翻合住劲地顺缠。当转身到身躯朝东时，右拳适在里前上，左拳则在外前下。当右拳由里向下转外再向上转里时，右足随之提起，沿地面收回，两膊合住劲。此时右拳在外弯住，左拳在内弯住。（图 102）前述动作是蓄劲，此后动作则是蓄而后发的发劲。它在双拳十足掤劲的环抱下，右拳微向上提，当转到左拳内侧后，即向下沉劲。同时右足一

图 101

图 102

震脚，沿地面铲了出去，上下相随地铲到对方圈心时，右臂横着由小臂发出劲去，同时左拳逆缠向左后放劲。这是右手右足同时并进的特殊动作，也是在姿势上的上下相随。发劲时左足为实。（图103）

图 103

要点：

这一拳式的要点是在合劲中转过身来，与前面各式由开劲中转身不同，因此这是本式练习的主要内容。此式假定后面遇有袭击，就以转身来化去这种袭击，并利用转身，以加强蓄劲，使下一拳式能发得更脆，这是本式的特殊作用。在转身过程中，要保持尾闾正中神贯顶，就是顶劲不丢，尾闾不倒。

自转身后当横着右臂合住劲时，假定在前的右腕节被采，则此时即无须另求解脱的方法，可以右拳、右足同时一震，向前铲地而出，并由右小臂横着掤出劲去（掤劲是弹簧劲，为太极拳八劲之首，是一种防御性的劲。若能用于掤发劲之中，就等于一着两用；这种着击，只要手一抖就可发出，因此距离短而效用大，为最简便的发劲)。这也是解脱与击发一着两用的联合作用。它的要点是须在“中土不离位”和“以身进退”[①]之下求得解脱，也是进入人圈的击发手法，尤其是将掤用于击发，是一着两用的最简要的手法。

第五十七式　夺二肱（二）（胸向南，转西再转南）

动作：在上式掤发劲后，假定还没有被解脱，就要继续做第二个“夺二肱”；所以，应有人字上步。这是一个连随着人继续上前两步的动作，在拳架内是少见的，所以要作为一个动作来练习。这个动作，开始时是右拳顺缠向上里收回，同时左拳从下外向上，左足随之跟进一步。(图104）当左拳到右臂外边再向上用劲和右臂在左拳内侧转向下用劲，并贴近己身上下对劲时，已将被采的右臂解脱了。在解脱的同时，又上了右步，这也是为右臂将要掤发劲作好蓄劲的准备。(图105)

图　104

在上式上了左步之后，继续上第二个右步，这是人字上

---

① “中土不离位”和“以身进退”为太极拳术语，意为手与足先后联系着前进时，应如大纛旗一样树立不倒地移动。

步的最后一步。双拳如同风车似地在胸前里外地相互翻转一大圈。上一动作当右拳向前上向里顺缠时，右脚收回半步，足尖点地。接着右拳在胸口前向下一沉劲和左拳向上的配合，以二次解脱被采的右手。同时右足向下一震脚，并乘势铲地而进。同时，右拳横臂向前，搠出劲去。（图 106）

图　105

图　106

要点：

若上式的搠发劲尚不足以解脱被采的右手，为了避免顶抗，就须运用连随而拖着继续上步。因此，这式主要的练习内容是连续上前两步而仍不致有断劲发生，并要随时有可脱可击的机势。要达到这个要求，其要点是两膊相系着使双拳在行进中上下翻动，以揉动脊背来摆脱右手的被采。

由于第一个“夺二肱”还不能求得解脱，就必须顺着要劲，在推动对方退后的过程中，连脱带击地搠出劲去。这是推动与解脱的统一作用。因此，它不论迈左步或右步，均须转动脊背而进。这是放出搠发劲时能否使脊背的蓄劲如弓弦脱扣一样地放出劲去的关键。

第五十八式　连环炮（胸向西）

动作（一）：在上式右手掤发劲之后，在左后蓄住的左拳就如弓弦脱扣一般着击抖出，同时右拳顺缠收回置于右胁侧。击出时左腿为实。（图 107）

动作（二）：动作（一）是左拳的抖劲，动作（二）是右拳的抖劲，两者基本相同，所不同的是脊背揉动。当左拳顺缠收回，置于胸前的同时，右拳即如扯钻似地发了出去。右拳发出时右腿为虚。（图 105）

动作（三）：同动作一。（图 109）

图　107　　　　图　108　　　　图　109

要点：

"冲捶"是双拳发出的抖劲，这一式是单拳分别发出的抖劲。其要点在于松开身肢，然后突然向外一抖，是短距离的挒劲。发出后仍须曲蓄其臂；曲蓄的度数，以能再发为准。

动作（二）的用劲，犹如木工用手工钻扯钻打孔一样，具有连环击出的作用，这是锻炼腰脊与双臂弹性的特殊拳式。

第五十九式　玉女穿梭（胸向西，转北再转东）

动作：在上式发劲后，假定左拳被采，即将左拳微里收即伸出，并迈出左足飞步跃进。（图 110）同时右足随之跟进，把身躯向右带转 180°，置右足于左足的西侧，以解脱左拳的被采；并由此转身以背折靠劲击发对方。同时，双拳在胸前双逆下挫合住劲。（图 111）

图　110

图　111

第六十式　回头当门炮（胸向东）

从上式转身时左足实，下挫时右足实；接着拳双顺缠向前上抖出劲去，此时左足为实。（图 112）

图　112

要点：

太极拳的背折靠劲均系为了连随，是不得已而用的劲，是不轻易采取身法去击发的。因为在“玉女穿梭”飞身连随过程中，运用转身的一靠，不但能解脱被采的手，并且又可急用“回头当门炮”一式攻击对方。这是使解脱与击发两用的最简便的方法，所以在转身过程中常采用背折靠劲以求解脱。

“玉女穿梭”的飞步转身，并以靠劲击发对方，也是运用上述原则的又一范例。其要点是在跃出前挫右腿而一沉其劲，然后再迈出左足跃步向前。在“随”的过程中，尚须注意中正其身，这是运用靠劲的必要条件。接着，再双拳以顺缠抖出劲去。

第六十一式　玉女穿梭（胸向东，转北再转西）

动作：此式与上一“玉女穿梭”，都是飞身跃进的拳式，并在跃进转身过程中运用背折靠劲的攻击，以求解脱。所不同的上式是左拳被采，所以用向右转身的左肩背折靠劲；这式是右拳被采，用向左转身的右肩背折靠劲。左转与右转的背折靠劲应该并练。在上式发劲后，假定右拳被采，将右拳微收即伸出，左拳同时收于腰部，同时右足亦立即向前跃出一大步。(图 113) 接着左足随之跟进，把身躯向左带转 180°，置左足于右足的东侧，以解脱右拳被采。(图 114)

第六十二式：回头当门炮（胸向西）

动作：从上式转身落地后，双拳往后下逆缠一沉劲，随

图　113

图　114

即向右前上方抖出劲去。在沉劲时，左足为实，发劲时，右足为实。(图 115)

要点：同第六十式。

图 115

图 116

第六十三式：撇身捶（胸向西，转南）

动作：在上式右足在前，左足在后，双拳双顺缠向前发出劲后，两膊相系地微含蓄势。假定有左后方受到袭击的情况，因此双拳在前双顺缠一小圈，使左手转到胸前与右手在右上合住劲，胸向南转。(图 116) 当双拳再转向右时，双开其劲，就将左拳顺缠向左后，以背反捶发出劲去。同时右拳顺缠向右后放劲，重心移到左腿为实。发劲时左拳为主，右拳为宾。(图 117)

图 117

要点：

这是在上式双拳向右前发出抖劲后，忽然左侧发现有可能被袭击而采取的拳式。其要求是只要回头一看，左拳就很自然地用背反捶发出劲去。要做好此一着击，主要在裆口下沉的基础上，好像小腹前有一小圈转了一下后，就由腰脊带头，运用离心力将左拳背甩了出去。

第六十四式 拗鸾肘（胸向南，转北）

动作：在上式左拳向左后发出劲去后，假定发后左拳又被采住，就毫不迟延地将双拳一沉劲，后转双逆，两膊合住劲。同时带转身躯向左转 180°，右足亦跟进一大步到左足的东侧。左拳放开为掌，压在对方的采手臂上（也就是放在自己的右拳上），使双臂如环形地合成一臂，用压在左掌内的右拳作转动中心，以右小臂逆缠向胸右发出肘劲。同时，左掌亦随右拳的转动而上翻，掌心向上，左足为实。（图 118）

图 118

要点：

上式发劲后左拳被采，为了不顶不抗，就不得不转上一大步，转过身来，压住对方的采点作旋转中轴，向前发出肘劲。这是近距离的肘劲，也是解脱被采的简要方法。用掌压在对方采的手掌上，并以此为中心，使对方的采手不易变换，再以右肘横向右击。这是激烈的击法，也就是不求解脱而自脱的又一拳式。

第六十五式 顺鸾肘（胸向北）

动作：这是继续上式“拗鸾肘”横肘由胸前内右击出后，

如还不能解脱其采，就继续顺着要劲，分开自己的双手，用右肘尖逆缠、左肘尖顺缠一小圈，向下方发劲。因为右足在右前为虚，就很自然地沿着地面铲进，左足在后跟着前进。(图 119)

第六十六式　穿心肘（胸向北）

动作：这是继续上式“顺鸾肘”两肘下沉发劲后，以左拳护胸，用右肘尖逆缠一小圈，向右侧展开步法以击出。右足沿地面铲进，左足在后跟着前进。右足在前为虚。但当发肘劲时，右足立即变实。(图 120)

图　119

图　120

要点：

凡手臂越出方圆圈外，就叫做出隅；越进方圆圈内，就叫做进隅。出隅须用采挒，进隅须用肘靠。所以肘靠之用，犹如短兵相接，速战速决，没有回环的余地。为此，须有连珠为用的措施，以求得最后的解脱。此式就是这一措施的继续。当右手仍然不得脱的时候，顺着要劲，右足沿地面铲进，右肘向右击出，同时左足后随地一震脚，这是形成如弓弦脱扣的气势，形成以轻制重、连珠肘击的要点。

第六十七式　窝里炮（胸向北）

动作：这是从"撇身捶"的左手被采以后，一连串运用肘劲的连珠击发；解除了被采的左手，到此已是解除后紧接的一个发劲。它是以右顺左逆在胸前双合其劲，使右拳在下内，左拳在上外；同时，将在前的右脚收回，形成气贴脊背的曲蓄姿势；在蓄势之后，右拳立即外翻，用拳背向右前击出；同时，左拳向左后逆缠到左腰侧放劲，以配合右拳的击发；当右拳向前击发时，将右腿压了出去，重心前移，左足亦随之跟进半步。（图121）

图　121

要点：

第六十三式"撇身捶"是左手的背反捶，此式则是右手的背反捶。此式要点是在上式铲地前进之下，取近舍远，在裆口下沉和运用离心力的同时，以坠肘作枢纽用拳背反击出去；右足亦随之铲地而进。为了劲发得更脆，就要在双拳右顺左逆的合劲下，将圈儿缩小，以加强蓄劲，然后由肘领身地向右外反击出去。此式要求一动全身俱动，而这只有在腰脊联合基础上，运用惯性力，才能做到恰到好处。

第六十八式　井揽直人（胸向北，转南）

动作：继续上一式，右拳发劲后，右顺左逆地在胸前一合后，双拳再以右顺左逆的向右一双开劲，将身躯以右足为旋转中轴向右带转 180°，左足亦随之弧转到右足的东侧。当胸转到南面时，双拳在胸前作里外上下的顺缠，如风车式弯臂旋转一个圈。当右拳翻向内上时，右足为实。（图 122）当右拳翻向外下和左拳翻向内上时，左足为实。（图 123）

图 122

图 123

要点：

本式主要是在骑马式的裆口下，双拳掤劲十足地在胸前翻转，做一个上下里外的顺缠圈，揉动脊背，以锻炼气由脊发的功夫。做此式时，并立的双腿也要里外缠转，要表现出劲起于脚根、达于拳尖的神态。这是校正动作、达到正确姿势的一个拳式。

第六十九式　风扫梅花（胸向南，转西再转北）

动作：在上式“井揽直入”之后，为了转向面北，双拳变双掌，使双掌以右顺左逆的缠丝上下双分又双合于胸前；然后以左逆右顺翻转放开其圈，促使身躯向右转 90°。此时左足为实，并以左足为旋转的中轴，右足随之向右横扫到左足的东侧。当右掌由上顺缠向下，待到小腹前时，掌心已翻转向左上。同时左掌亦以逆缠从左上向右下按劲，与右掌相合于小腹前。（图 124）接着，左掌按住一点逆缠转左后，重心仍于左足；右掌随之顺缠向上一开劲，以带转身躯再向右转 90°。此时仍以左足为旋转中轴。（图 125）

图 124

图 125

图 126

要点：

此式的“风扫梅花”与第十式的“风扫梅花”基本相同，所不同者，第十式的“风扫梅花”旋转 360°，而本式则旋转 180°。它的作用，主要是使练习者最后转为面北而结束第二趟架子。

第七十式　金刚捣碓（胸向北）

动作：此式是在“风扫梅花”之后继续做的一个“金刚捣碓”。它与第十二式转了 360°以后再做的“金刚捣碓”相同，因此不再重述。（图 126）

要点：同第十二式。

第七十一式　收势（胸向北）

动作：本式继承上式“金刚捣碓”之后，随即双手左右分开，以双逆缠的双手会合到胸前；两手的手指碰到后，掌心向下，再逆缠双手向前双分而下，止于股的两侧；掌心向后，恢复到预备式。(参见图 1)

要点：

第二套架子，同样是以“文象”始，“武象”终，面南起，面北终；如不将第一、第二两趟架子连续地练下去，或者是第二套不要接连练两次，就要加上“金刚捣碓”和“收势”这两个拳式。

第四章　陈式太极拳推手

陈式太极拳的双人推手方法，原来称为“搿手”或“打手”，是太极拳学派继承明代民间武术技击方法并加以发展的一种独创性的竞技运动。它综合性地继承并发展了“拿、跌、掷打”三种方法，因此原来的技击性极为强烈。缠绕粘随和缠丝式的螺旋运动，是它创造性成就的中心内容。根据“太极两仪，有柔有刚”的理论，它要求以“刚柔相济，轻沉兼备”的变化灵活、富于弹性和韧性的内劲作为统帅。

陈王廷在《拳经总歌》中说：“纵放屈伸人莫知，诸靠缠绕我皆依”（“诸靠”指的是两人以手臂互靠，运用“掤攦挤按采挒肘靠”八种方法和劲别），这两句话概括地说明了推手的特点和方法。原始的四句《打手歌》：“掤攦挤按须认真，上下相随人难侵，任人巨力来打我，四两化动八千斤”——这是解释“诸靠”的作用和以掤攦挤按四手为基本功夫的原则。

到十八世纪末叶，山西人王宗岳，以及十九世纪中末期河北永年人武禹襄、李亦畬师徒两人，都发挥了太极拳的理论和推手练法，并根据各自练拳经验写下了总结性的太极拳和推手的论文。这些拳论，言简意赅，传抄广泛，成为近代练太极拳和推手者的指导性理论；与武、李同时的陈家沟的陈仲甡及子陈鑫，也阐发了陈氏累代积累起来的太极拳和推手理论。

一、推手的一般要义

自杨式太极拳盛行，把“擖手”或“打手”称作“推手”以来，“推手”已成为通俗的名词。推手是两人搭手，互相缠绕，运用太极拳运劲如缠丝的独特锻炼方法，根据“沾连粘随，不丢不顶，无过不及，随屈就伸”的原则，运用掤攦挤按采挒肘靠八种方法和劲别来练习全身皮肤触觉和内体感觉的灵敏性，探知对方劲力的大小、刚柔、虚实、长短、迟速和动向，选择合乎杠杆原理的沾粘点为支点，运用弹性和摩擦力（力点）的牵引作用，发挥“引进落空”、“乘势借力”、“以轻制重”的技巧，掌握“动急则急应，动缓则缓随”、“彼不动，已不动，彼微动，己先动”的战略战术，牵动对方重心，在时间和力点最为恰当的时机则又“以重击轻，以实破虚”地将劲发了出去；这种发劲要“沉着松静，专注一方”，由弧形而笔直前去对向目标，又稳又准，犹如放箭时箭头深入箭靶内一样，乘势将对方干脆地发出去。总的要求是能化能发，化劲松净，发劲干脆。这种竞技运动，既能训练力量和耐力，也能训练灵敏、技巧和速度等身体素质。

近代发展的推手方法为了避免伤害事故，限制了抓拿摔跌打等方法的使用，因此成为男女老少人人可练的一种武术运动了。

太极拳套路的练习，原来就和“推手”相辅而行，拳套练得纯熟细腻，中正圆满，内外合一和虚实刚柔具备之后，就可以充分发挥推手的技巧。在练拳的同时，若再练推手，则既可将走架子得来的劲别认真地运用到对抗练习的推手之中，同时又可以检验练习太极拳套路的正确程度，便于改正、充实其姿势和动作。举行推手比赛，可以纠正某些曲解太极拳理论的练法，纠正对推手的片面性理解，从而使太极拳的技术得到恢复和发展。

二、陈式推手方法

陈式推手的基本步法为一进一退，也可以连续进步或连续退步。手法为掤攦挤按，称为四正手；每四手推过一圈即一进一退，进者为按挤，退者为掤攦。四正手的推手熟悉了，然后掺入采挒肘靠，此为四隅手，也称作大攦、大靠。基本步法熟悉后，可以练习“散步”推手，即不拘方向的动步，也有称作“乱踩花”的。

陈式推手时，甲如右（左）足在前，乙则左（右）足在前，使上肢两手互推，下肢前足亦互相粘化，使手足同时练得触觉灵敏。凡进步的一方，前足踏在对方前足的内侧。双方前足互靠粘贴，可以作为以后使用管脚的方法，作为发展跌法技巧的基础训练。

甲，四正基本推手：掤攦挤按

两人搭手前，相对站立，中正安舒地成立正姿势。相对站立的距离，以双方两臂向前平举（握拳），拳面相接触为标准。甲如右（左）足前迈，乙则左（右）足前迈，成弓步式，但重心落于两腿之间，便于进攻时坐实前腿，引化时坐实后腿；同时各以右（左）手向前掤出，高不过眉，掌心向外（掌心向外是为了便于采拿），两肩放松，肘节下坠，腕节之下的外侧互相粘贴掤住。凡搭手时，须手臂松柔，但主要攻防手的粘着点，须以意贯劲掤住，不可软化；武禹襄正确地总结出"一举动，惟手先着力，随即松开"，他所指的力，乃指松开有弹性和韧性的力，不是说的鼓劲的拙力；所以李亦畬《五字诀》："心静"项内说："彼有力，我亦有力，我力在先；彼无力，我亦无力（掤劲不丢），我意仍在先"。陈鑫说："不可有力，亦不可无力，折其中而已"。腕节对向自己胸部中线，掌心内向时，大指对向鼻尖；掌心外向时，小指对向鼻尖；同时左（右）手腕节下尺骨轻贴于对手肘节之上的上膊部分。（如图 1：双搭手）然后一方主动进攻用按法，另一方用掤法引化，即开始掤攦挤按的练习，周而复始，连绵不断。

掤劲 由于身肢放长产生一种弹性，犹如弓弦为弓背的弹力所拉长而产生弹性一样，形成一种弹簧劲，呼为掤劲。凡是以意贯注于肢体任何部分旋转地向前引伸的（顺缠丝），都是掤劲的作用。

在推手中，掤是以右（左）手掤住对方双按，粘着点作轴心运动的旋转，随着"主宰于腰脊"的轴心旋转，采取缠丝螺旋式的划弧以走化，并采拿对手的掌而引进（采拿现仅陈式运用），同时以左（右）手尺骨处轻攦对方右（左）手上臂而引进。采挒的合一，旨在使对方立身不稳。身渐后坐，同时，收胯，转腰，蹋裆，后足渐变为实，前足渐变为虚，成“下蹋外辗”之势。（如图2：甲按乙掤）。

擺劲　擺劲也是在身肢放长的条件下产生的，当身肢运向内左或内右，并作逆缠丝的螺旋时，即产生擺劲。由于螺旋关系，扩大了接触面，因而增大了摩擦作用。凡是以意贯注于肢体任何部分旋转地向后或左或右地走化的，都是擺劲的作用。

擺劲是掤劲的反面。在推手中，当对方双按，经我掤化而不得劲后，即变为挤再继续进攻时，我仍渐渐划弧擺回，引之近己身的左方或右方而化之，使其落空（擺之引近自身，乃露空而诱彼深入，但手须掤住，并须注意擺回时自己的手臂勿贴己身，“肘不贴肋”，肘尖勿使移向身后，以免被逼不能出劲还击）。擺时坐实后腿，转腰落胯，裆步下蹋外辗。（如图3：甲挤乙擺。图5：乙挤甲擺）

挤劲　掤擺二劲为四正的主劲，按挤为掤擺的辅助劲。有时掤劲的弹性不够，为了避免发生扁病，采用双手交岔来加强掤劲，将双臂合成如环形，在力学上名为合力。这样就可以左右逢源，虚实互变地发劲，呼为挤劲。在推手中，当我双按为对方掤化擺引后觉已不得势时，即变前手（被掤、被擺的手为前手）为屈肘，掌心斜向外下，或平圆（手与肘平）前挤，或立圆（手在下，肘在上）前挤，后手贴于前手肘节之下，掌心向外，以助前手之势（后手手掌斜向前上，作为预防对方击面的防御手法，也便于对方接手拿或擺，或变为按，逐渐迫使对方立身不稳，身前坐，前足为实）。

按劲 按是以掌中心作轴心，用掌的四周旋转压迫以找寻对方的空虚，力争上游，位在人手之上；这样不但用处多，范围广，且地盘大，易转为四正的其它三劲，也易转为四隅的采挒二劲。在推手中，按是以我双掌按住对方的一臂并转换虚实于双按之中，一手控制腕节，一手控制肘节，使对方不易活变和还击，沉肩，垂肘，坐腕，虚虚笼住，不使拙力，长劲向前往对方身上轻轻按去，手中轻沉兼备，不但两掌在互换虚实，忽隐忽现，单掌周围也在息息变换虚实，掌心周

图 1

图 2

图 3

图 4

围旋转于对方手臂之上，也就是不断地移动力点，作无数前按的想象，逐渐逼使对方立身不稳身渐前坐，前足为实。（如图 4：乙按甲掤）

总之，掤攦两劲为走化劲的手法，裆劲要下去，裆步要下踻外辗，坐实后腿，在腰胯变换重心时，同样须使肩胯垂直，两乳与两肚角成垂直，勿使身体俯仰倾斜，始终保持立身中正，自己的手臂要轻灵柔软，但又不可失去掤劲，以免失去“松开我劲勿使屈”之势。所以臂肘部分万不可贴住己身，要留有旋转走化的余地，腋下也始终保留有空隙约可容一拳；同时，肘尖不可移向身后，以免被逼不能出劲还击。按挤两劲为进攻的手法，坐实前腿，出手不宜太过足尖，肘节下坠始终屈而不直，在任何角度上力求肩与胯成垂直，两乳与两肚角成垂直，不使身体俯仰歪斜，要保持“立身中正”，“上下一条线”。

图 5

乙，四隅补助推手：采挒肘靠

采劲　采劲与挤劲相反，挤是双合，而采是双分，它的形式犹如一手把住树技，一手采果一样。采劲为擒拿的基础。擒拿手是从采劲内发展而来的。它的主要作用在于出隅制隅和牵动对方。拳论说：“采天靠地相应求”。采法是以掌指虚虚笼住对方手臂，乘势借力地由轻而突然沉重地一采，速度快，距离短，落点准，猛力一采，不许死握滞重，乃惊战之法，最易牵动对方足跟，但也容易震动对方脑神经；故此法不宜轻用，功力相当者可以互试用劲得当与否。

挒劲 挒劲的特色为运用指掌的尖点，以突击的方式在近距离内抖出一种劲去，为已往擒拿内闭穴的基础。挒是主要用抖击，而不是发劲，常用于当手达其点而发的形势已变时，欲发不能，则改为挒劲抖出。如用挒时，触觉对方已被牵动，则又可乘势转为发劲。这种挒劲与按劲同属运用范围较广的一种手法。挒劲除了主要作用的抖击之外，也具有与捋劲相反方向的作用，为弧形的即化、即打，惟方向相反。捋为往后或左或右捋化，挒为弧形稍化即斜向前斜角旋转挒出，如抛物线；捋为使对方向我身后或左或右倾跌，挒为使对方向其自身左右旋转后跌。

总之，挒劲与采劲，它们是一个对立面，在采的过程中遇到阻碍，即可转为挒，挒遇到阻碍，即可一转反以采之。这是采挒二着的统一，犹如四正的掤捋二劲。但是采、挒是统一于掤、捋之中，它们之间以掤、捋为主，采、挒为宾。

肘劲 肘、靠与采、挒，虽然同是隅手；但采、挒是用于手腕出了方圆圈外，而肘、靠则是用于手法进入方圆圈的内圈里（参阅第二章的图 12），这同样属于出隅，所以采、挒譬如“长兵”接战，而肘、靠是“短兵”为用。在推手过程中若形成俯斜出圈，就以采、挒补救之；若形成仰匾进入内圈里，就以肘、靠作后备军。

肘之为用，另一臂要搭于前发的肘臂上，使一肘变为两肘之用，如第二套的“拗鸾肘”、“顺鸾肘”等拳式就可以左右进击。用肘、挒都是在中部人字地位，不同于采天，靠地；它譬如象棋中的士相的作用。肘击是以肘尖或肘的周围部分紧贴于人之身躯而击出，因为用肘尖击人胸肋易于伤人，现在已经不许应用于胸肋；推手时用肘部进击对方胸肋，只许紧贴对方手臂而用肘法放劲。

靠劲 凡是用身躯某一部分以抖劲的震弹力击人者，均呼为靠劲。靠劲如同象棋中将帅亲自出战，八面威风，气势逼人；也有因左或右的某一臂出隅，而另一臂又支援不及，处于此种不得已时，才运用身法以肩靠击之。肩靠有前肩、侧肩、后肩之别。肩靠必须做到靠出去时重心不偏于一边，并针对对方重心以击出，以免有落空失势之虞。肩靠时须裆劲下沉，身法中正、前肩、侧肩靠出时，肩部不可超出膝尖。

除了肩靠以外，尚有“七寸靠”，当被搌前倾失势时，随即乘势进步插裆，俯身用肩挑对方小腹以仰跌之（须有腰腿功夫者始能做到）；还有“背折靠”，乃是跃起折转身躯以背击出，这是遭遇被采要劲时，为了顺应要劲而给之，在给的过程中背转身躯，为自然解脱被采局势的方法。同时，还能得到攻击的机会，在冲击中突然转折发劲，是一着二用，所以呼之为背折靠劲。靠法的使用，须腰腿身乘势粘贴对方的身肢，俟对方微动时即发劲，必要时并须步法略跟进，侵占对方地位，始能放劲干脆而自己不失重心。

肘击肩靠在推手中都是乘势而用。陈氏前辈拳家有专以肘击肩靠著名者，但一般也有被逼失势而随用肘肩者。即凡手腕进入方圆里圈内而失势时遂用肘法，肘法失势时随之用肩，用肩靠和背折靠都是贴身靠打的方法。以胯部弹击对方者，也属于靠法的范围。此种以身攻击的方法，身入虎穴，势险节短，通常是“泼皮胆大功夫纯”，敢于迫近对方的表现；譬如象棋中以帅亲自作战，有其一定的威力，但若运用不善，危机立见，故非正常之法。太极拳推手虽有八法八劲，而基本功夫则以四正推手为尚。故《打手歌》中有“掤攦挤按须认真，上下相随人难进”之说，从这里也可看出四正推手与四隅推手的主从关系，这是前人练拳总结出的宝贵经验，是值得我们练习时注意的问题。

另外，还须认识的是：四正推手中又以掤攦二劲为主，掤为顺缠，攦为逆缠，逆从顺而来，相反相成。掤、攦是相互矛盾而又统一的，螺旋式的顺缠为离心力，螺旋式的逆缠为向心力。

三、陈式推手的两项演变

陈式推手原来拿、跌、掷打（发劲）兼施并用，乘势活变。拿法原来是以拿脉、抓筋、反骨为主，后来由于避免发生伤害事故，已不轻于传授和运用；推手运用拿法时，也适可而止，并发展为以拿住对方劲路为主，拿成我顺人背的得机得势即止。功夫纯粹者，一举手，一投足，圆转、柔和、轻灵地控制对方劲路，即可使对方失机失势，无从转变，即可发劲；或一待放任转变，即顺应变转之点而发劲，这是拿住对方劲路的高级技术。

陈式推手原来在退步用攦劲以化开对方挤劲或靠劲时，

蹲身下坐，而身法仍然中正不偏，达到前足腿肚着地，足尖翘起，随势起落（由于前足延伸及远，可以起到管住对方双足的作用，使用跌法时备极精巧）。但这样低的架式，一起一伏，一来一往，腰腿的运动量极大，因此非从幼年练起是不易做到的。现在一般以不蹲身下坐为原则，使更适合于大众化。

四、太极拳推手是阴阳兼备的

我国古代哲学家认为，世界上存在着两种互不可分而又互相对抗的力，即阴和阳。二者是万物变化和发展的根源，阴阳的和合是矛盾对立面的转化和统一。太极就是包含阴阳二种力量的一种阴阳学说。阴阳代表着动静、刚柔、虚实、轻沉、迅速等等对立的事物，对于对立两方面的关系，两者是有着相互依存、相互制约、相互为用的统一关系的。

太极拳采用阴阳学说为理论基础，要求动静、刚柔、虚实、轻沉、迅速兼备，又要阳不离阴，阴不离阳，阴以阳为主，阳以阴为根，达到刚柔摩荡，阴阳相济的懂劲地步，进一步要求达到忽阴忽阳，阴阳无迹可寻的“神明”阶段。因此练习太极拳和推手，不能偏于柔，也不可偏于刚，要阴阳相济。凡是偏于柔的仅得太极的一面，只能称为柔拳，不能称为太极拳；偏于刚的，只能称为刚拳，也不能称为太极拳。凡是能柔能刚，有轻有沉，虚实兼到，急应缓随，动静合宜的才是完整的太极拳。

“极柔软，然后能极坚刚”，“运劲如百炼钢，无坚不摧”的古典太极拳论，正确地说明了练太极拳须发展柔的一面至极度，同时也须发展刚的一面至极度，刚柔摩荡，错综变化，才能像《周易：系辞》所说："变动不居，周流六虚，上下无常，刚柔相易，不可为典要，唯变所适"。要提高太极拳推手的技术，阳刚阴柔必须兼备，才能最后求得"化劲松净，发劲干脆"的能化、能发的全面的高级技术。

五、推手动作要领

（一）身法

推手时必须立身中正，不偏不倚，虚领顶劲，气沉丹田，尾闾正中，裆劲满足，沉肩坠肘，含胸拔背，上下相随，头顶百会穴与裆内会阴穴始终保持垂直线（"上下一条线"），脊柱要节节松沉而又虚虚对准，腰部要松沉直竖，要微微转动，不可软塌，不可摇摆；使身法在任何变换时保持中正，能八面支撑；脊柱骨节和胸背肋骨节节松沉，而意往上翻（内劲由裆中上翻至背脊，谓之"气贴背"、"力由脊发"、"主宰于腰"），忌前俯，左歪右斜，尤忌后仰；手腿前去时，腰脊命门穴往后撑，裆劲须下沉，这和练拳的要求一致。以腰脊命门穴（后丹田）为调节全身平衡的轴心，并作为主宰于腰的爆发力的来源，我们在实践中证明它是练好推手技巧的关键。

身法虚实的变换，关键在以腰脊命门穴为轴心的左右腰隙（两肾）的抽换；腰隙向左抽则左实而右虚，腰隙向右抽则右实而左虚；以腰脊命门穴为轴的左右两肾抽换（外形是两腰侧的抽换）变化虚实，是全身总虚实的所在，也是"源动腰脊"、"内动不令人知"的诀窍所在。

太极拳在上述身法的要求下，运用“沾、连、粘、随”，以不丢不顶，不匾不抗为原则，彼按我掤，彼挤我搬，只此掤搬挤按四字，循环无穷，更须认真分清劲别，长期练习，循规蹈矩，打好圆满柔顺的稳固基础。

太极拳与推手都是首先注重身法，身法端正始能制人而不受制于人，身法乖离则处处授人以隙，何能制人？所谓“其身正，不令而从；其身不正，虽令不从”，就是这个道理。太极拳与推手，以虚静为极致，以身法中正为基础，虚则无所不容，静则无所不应，身法中正则既能八面支撑，也能八面转换，上下四傍，转接灵敏，故太极拳与推手的传统理论都强调时时中正。陈家沟著名拳师陈长兴（1771—1853）以立身中正著名，当时人们称作“牌位大王”。陈式拳家以立身中正为第一要义，直接从陈式发展而来的杨武两式拳家也严格遵守这个规定，值得我们研究其原理所在。

（二）手法

初学推手时，缠丝转圈要宽大，力求圆满柔顺，无有凹凸、缺陷、断续和顶抗之处（参见第一章第三特点），动作要慢不要快，快则处处容易滑过；功夫加深后逐渐将圈收小，能慢能快，适合“动急则急应，动缓则缓随”的要求。

肩关节始终要松柔圆活而下沉，肘节始终要下坠，用意贯注。进攻引化始终要手臂松柔，用意不用力，才能灵活无滞，使对方不易觉察我之动向。脊柱松沉，骶骨有力，裆劲下好，自然稳重而又灵活。凡此种种，始终贵乎严谨。

引化进击的诀窍在于内劲不令人知，意在人先，粘着点的作轴心旋转，逐步求得“先引后进”、“半引半进”、“即引即进”的技巧。陈鑫所谓：“两手转来似螺纹”，“胳膊令其骨转，方能以真劲引动”，使对方“欲进不得势，欲退不敢，此引进之妙境也”。“先引后进”是引化来劲使落空而后进击；“半引半进”是肘以上臂部稍后退，下丹田（小腹）稍前进，肘以下至腕掌随之前进，成蓄吸之势而发呼；“即引即进”是小圈转头，干脆直射，陈鑫所谓“虚笼诈诱，只为一转”，亦即截其来劲之法。一面练拳，一面推手，校正手法、身法、步法和眼法；进攻退化，上下相随，使一一合乎太极拳锻炼要领；明规矩而守规矩，脱规矩而合规矩；坚持原则，不以胜负为念，不妄用拙力，才能发展技巧。

从松静、轻柔入手，与练拳同一步骤；功夫日久，周身合一，由松静、轻柔而渐入沉着，两肩松柔灵活，两肘尖下沉，前手去，后手跟；一手回，另手随，“两手转来似螺纹”。两手管住对方两手，控制其关节（腕节为梢节，肘节为中节，肩节为根节），使不易活变。其中尚有擒拿之巧，粘随不脱，手中似柔非柔，似刚非刚，外如棉花，内如钢条，能运用引进落空的方法，然后讲究放劲；小圈转关，干脆直射（陈鑫说“虚笼诈诱，只为一转”），如电光猛闪，其快无比。凡此皆是用意，不在外形，彼之劲方挨我皮毛，我之意已入彼骨里，处处意在人先，则不致丢顶硬撞，不致徒恃血气之勇，也不致误于只求轻灵而不求内劲的充沛（正如陈鑫所说“即擒即纵缠丝劲，须于此内会天机”）。此后愈练愈细密、灵巧，随机应变，浑身轻灵，挨着何处何处动，处处能曲线柔化，处处能直线刚发，曲中求直，蓄而后发，蓄发从心所欲。

（三）步法

动步要轻灵，两腿要分虚实，又要虚中有实，实中有虚，虚实相互渗透，使变化得以灵活。两腿分清虚实，关键在两胯关节的抽换，两胯关节的抽换，与腰隙的抽换相一致，亦即步法要随身法的变换而变换，将欲迈左步，腰隙先右抽落实，气沉右腹侧，右胯关节随着内收而下沉，右足为实，而后左足迈出；反之亦然。

步法又要与手法相呼应，务使上下相随。所谓“上于两膊相系，下于两腿相随”，又须使手足有相吸相系之意。手与足合，肘与膝合，肩与胯合的外三合必须注意，使上下完整不乱。动必进步，进必“套插”。套是前足管住对方前足外侧，插是前足插于对方裆步中间。套封插逼，足进肩随，大搬大靠（适用采挒肘靠四劲）之法，即在其中。

套封插逼是推手时使用跌法的下体管脚占势的方法，膝节的内扣和外撇，起着以弹簧劲打动对方桩步的作用，也起着消化对方以膝节打动我桩步的作用。陈鑫说“拳中惟是要跌法，不明跌法身徒劳”。跌法在陈式推手中现仍继续保持。两腿的虚实要灵活变换，又要塌腰落胯，实腿劲缠绕下沉如深植地中，使能在运化时桩步稳固，不因被逼、被引而破坏身法；粘化还击时，胯先下沉，弧形微往上而向前进逼，与手法螺旋形动作相一致，才能在放劲时更好地利用地面反作用力，能使劲起脚跟，注于腰间，通于脊背，形于手指。推手时，意要连，形要连，将欲放劲，步须暗进，胜在进步，不败在退步；身手步必须上下相随；进手而不进身，身手进而不进步，不但粘封不成，放劲浮而不沉，不能连环放劲，而且也易于被对方牵动。放劲时，身、手、步和眼神须一齐俱到，膝尖、足尖、鼻尖、手尖和眼神须对准同一方向，使力点集中。

（四）眼法

各家拳法，以眼神为尊，发令者在脑，传令者在眼神，精巧处全凭眼法。我之意能入彼骨里，全凭于眼力之能“敌情预晓”，所谓“一眼看透”。古拳家还重视“先以眼法慑服对方”；引劲发劲之变化，意在领先，目光亦随之变换，身手步随目光之动向而转换。将欲往上打，必先寓往下之意，目光也须先微往下视而后往前往上直射，则发劲动向正确而意远劲长。控制对方劲路以何手为主，则目光须视其处。目光决不可与动向有偏差。

放得人出，目光仍须前注，始有“一克如始战”，“劲断意不断”，“神气不令割断”，“放劲如入木三分”之作用。眼神则须兼顾周身上下，故目光宜有专注，而眼神决不可呆视，必须如捕鼠之猫的眼神。或以为太极拳精巧处在触觉灵敏，不重视眼法之运用，有的甚至偏头旁视，表示专在手上听劲，这是误解。须知，视觉、听觉和触觉是有机配合在一起的，不是乖离的。

（五）沾连粘随

推手时不仅双手要沾连粘随，身法、步法也要有沾连粘随之意，不先不后，协同动作。这是动作上做到上下相随，周身一家的表现。形要连，意要连，随人之动而伸缩进退，能不丢、不顶、不匾、不抗，这叫做“懂劲”的功夫。懂劲是由“舍己从人”而来的，处处能察觉和顺应客观的变化规律。能在虚实上做到上下相随，则进攻退化就能舍己从人和圆转自如；从人而仍然主宰在我，不失我之中正不偏，就能制人而不受制于人。这是手法、身法和步法达到沾连粘随的功用。

运化首先在腰腿，次在胸，又次在手。因此说："紧要全在胸中腰间运化"，"有不得机得势处，身便散乱，必至偏倚，其病必于腰腿求之，上下前后左右皆然"。其中缠丝式螺旋的屈伸往来，为"引进落空合即出"的主要作用。手在粘着点不离支撑面，作轴心运动的旋转，可以圆转自如，从粘化中预知对方虚实。身手粘着点的掤劲作用，即是"让中不让"的妙用，粘化中不失我之机势。放劲时手不超越足尖，劲力能沉透，己身也不失重心，可以保持"八面支撑"的蓄势，然后能"滔滔不绝"，劲不中断，并能连环放劲。

陈式推手既要求做到不使对手触及己身，而己能控制对方重心，又要求做到敢于使对手贴近己身，达到搭手即有办法，近身亦有办法。沾连粘随的功夫，在手上，亦在身上。搭手微引即发劲是一法，搭手引使近身，受而制之，制而摧之；以身受手，使对方一手或双手置于无用之地，而我手尽可活变，此又是一法。远不怕，近不怕，能远能近，能蓄能发，能柔能刚，则尽到了推手之能事。

推手到懂劲阶段，运劲要忽隐忽现，似有实无，似无实有；功夫纯粹者，随人的劲力动向，能粘走丝毫不差。内劲潜移默化，意在人先；人不知我，我独知人；但依着何处，即向何处放劲（陈鑫说："依着何处何处击，无心成化如珠圆，此是本地风光，最难最难"）。随感而应，自然就能不泥于掤搌挤按采挒肘靠八法、八劲；这是由沾连粘随到达懂劲阶段，进而达到触处成圆，能化能发的“阶及神明”的功夫。总的原则是彼以刚来，我以柔应，柔中寓刚，令人难防，时时存一片灵机，处处与对手密贴，粘走相生，意在人先。

（六）一身备五弓

陈仲甡说：“浑灏流行，自然一气。轻如杨花，坚如金石。虎威比猛，鹰扬比疾。行同乎水流，止侔乎山峙。消息在不即不离之间，精神在引而未发之际”。武禹襄在《太极拳论》中也说到：“静如山岳，动若江河”。“静如山岳”是表示定势时的稳定沉重，严整有力；而静中有预动之势，谓之“视静犹动”，也就是“精神在引而未发之际”；“动若江河”是表示动作时波浪起伏，滔滔不绝，形成虚实的变换灵动，不断的弧形走化，不断地直进粘逼，而变转时仍然周身规矩合一，谓之“视动犹静”，也就是“消息在不即不离之间”。佚名氏的《十三势行工歌诀》所说的“静中触动动犹静，因敌变化是神奇”，都是阐发了推手时须“静如山岳，动若江河”的周身一家，完成“蓄劲如张弓，发劲如放箭”的要求。在陈武两家的口授诀窍中，全身整体劲的蓄发相变是需要“一身备五弓”的，今试综合陈武两家“一身备五弓”的具体操作方法，扼要地叙述如后。

一身备五弓指的是身躯犹如一张弓，两手为两张弓，两足为两张弓。五弓合一，即为全身的整体劲，“静如山岳，动若江河”，能蓄能发，滔滔不绝。

身弓以腰为弓把，脐后腰脊命门穴始终以意贯注，中定而不偏倚摇摆；放劲时命门穴须往后撑，“暗门”（颈椎第一节）和尾闾骨为弓梢，上下对称，调节动度，加强其蓄吸之势（武式的身弓，以大椎为弓梢之一，较“暗门”的调节动度为小）。身弓备，则腰部柔韧中定而下沉，上于“暗门”虚竖，大椎微微鼓起有上提之意（即拔背、气贴背的作用）；下于尾闾骨前送而内劲有上翻之意。尾闾骨要前送，则无突臀之病；臀又要有上泛之意，则内劲自裆中上翻，经脊背至头顶而下，气落丹田，日久任督二脉自然接通。

手弓以肘为弓把，以意贯注于肘节，使沉着松静而有定向。手腕和项下锁骨为弓梢，弓梢必须固定，前后对称。手在松柔灵活中用“坐腕”来固定（掌根微微着力而下沉，腕节柔而不软谓之“坐腕”）。锁骨用意来固定，不使偏倚摇摆，锁骨管着两手的动向，锁骨的固定是两手固定的前提。

足弓以膝为弓把，胯骨与足跟为弓梢。足弓备，则膝节有力而微前挺，胯骨松沉而后撑，足跟下沉而劲往上翻，腰腿之劲自然相顺相随，是谓“有上必有下，有前必有后，有左必有右”，相反相成，对拉匀称，自然能劲起脚跟，主宰于腰，通于脊背，形于手指。

五弓以身弓为主，手弓足弓为辅，是以腰为轴，上于两膊相系，下于两腿相随，上下相随，中间自然相随。每站一势，五弓具备，形成八面支撑的蓄势。源动腰脊，周身劲整，就能“机由己发，力从人借”，弧形走化，直线发劲，蓄发相变，滔滔不绝。功夫极深者，触处成圆，但依着何处即从何处放劲。

五弓合一是内外整体劲的具体规定。练拳和推手都应该一动势即五弓具备。五弓合一则“静如山岳，动若江河”，

“立身须中正安舒，能八面支撑”，“劲以曲蓄而有余”，“曲中求直，蓄而后发”之势即可呈现。

（七）发劲的提合蓄与放开发

练习推手，宜先认真练习掤攦挤按四手，力求柔顺圆满，周身一家；先学柔化，后求发劲。发劲应力求使对方双足离地，向后（也可向左或向右）向上腾空掷出为佳。练习发劲阶段，须研究提放结合呼吸的方法，使吸蓄得足，呼发得透；吸得足以见其巧，发得透以见其妙；能蓄得巧，始能发得妙。

吸为提、为合、为蓄，呼为放、为开、为发。平时，须单练和双练提放的方法。单练是抽出几个拳势正面、反面地连续专习蓄发；胸、肩、背、胯、臀等部的震弹力，都需单练纯熟，要哪有哪。双练是研究蓄发劲正确程度的“喂”法。放劲须集中而猛透，尤须速沉，使发劲极为刻入而锐利；动贵短，意贵远，劲贵长，集中则专注一方而力透，速则乘势而不致失势，要去就去，不犯犹疑之病，则对手不易变化；沉则制住其力，使不得活变；动短则一触即发，彼不及走化，而已跌出。功夫高妙者，能使对方不见其动，而已腾空掷出。意远劲长，则放人弥远。功夫纯粹者，动之至微，引之至长，发之至骤，吸则自然能提得起人之脚跟，利其反力，动其重心；呼则自然能沉得下，放得人出而干脆。吸提时气沉小腹（下丹田，中极穴），呼放时部分气呼出，部分气下沉于小腹，部分气移行于脐部（中丹田、神阙穴），呼气时半吐半沉，才有余不尽，滔滔不绝。上丹田在百会穴，始终虚领顶劲，以保持吸提、呼放时的立身中正。

近代太极拳的高手如陈发科、杨澄甫等，运化时轻柔圆活，毫不受力，使对方失去平衡，有凌空失重之感；放劲时由于速度快，落点准，内劲足，粘着点突然放劲，对方不及感觉，无从运化，即已腾空掷出，达到了蓄发相变的高级技巧。

（八）呼吸与方圆刚柔

呼吸往来的运用，不出于方圆互变和刚柔互换。粘连密贴，接转柔化为圆；得时得位，刚劲摧迫为方；劲的缠绕为圆，发放为方。粘随劲如胶如漆，就是从螺旋的向心、离心加速度所产生的摩擦而来。粘随面的核心点，就是螺旋的轴向线上的一点。顺旋为离心力的作用，逆旋为向心力的作用。顺旋逆旋的错综变化，越是细微灵巧，“屈中求直”，“蓄而后发”，则圆中有方、方中有圆的运用就越显示其精妙。《打手歌》的“引进落空合即出，沾连粘随不丢顶”，很完美地说明了呼吸与方圆刚柔的作用。发劲时，“屈中求直”外方而内圆，曲蓄有余，滔滔不绝；呼则身肢开展为方，吸则身肢紧凑为圆，随方就圆以往来；吸则提劲为柔，呼则放劲为刚。最高的要求为速战速决，因此也要养成一吸一呼而胜负立判的技术，得陈氏之传的杨班侯就主张“一哼一哈，胜负立判”。因而由于呼吸就影响到方圆刚柔的互相变化，渐至呼吸练得极其自然时，虽绝不用力，却可以提之使来不得不来，放之使去不得不去；舍己从人而擒纵在我，舍己从人而仍然由己；擒纵在我为由己，由己而仍然从人。如此运动，就能表现为不断的方而圆、圆而方，使得其环中以应无穷。内中质量是刚而柔、柔而刚，忽柔忽刚，亦柔亦刚，等到刚柔无迹可寻，方圆无形可见，是为推手中达到妙手的境界。

陈仲甡《咏太极拳》绝句云："动静无端随势转，引进落空任人来，若非太极图中得，那有神机抱满怀"。功夫达到这种"阶及神明"的阶段，呼吸自然合拍，刚柔方圆不但兼备，亦无形迹可寻，浑然一太极图圆象。

（九）内劲在推手中的作用

内劲是蕴于内的一种劲（参见第一章），是太极拳学派专用的一个名词。它是从"神舒体静"的松柔中以意贯注而锻炼出来的一种"弹劲"和"韧劲"。柔中有刚为弹劲，刚中有柔为韧劲。所谓"柔里有刚攻不破，刚中无柔不为坚"，辩证地说明了弹劲和韧劲的特性及其对立的统一性。内劲具有"神以知来，智以藏往"的特点，隐于内而不显于外，随人之动而不断改变方向，不丢不顶，丝毫不差，内动不令人知，故称为"内劲"。内劲充沛，弹性和韧性就足。这是太极拳套路和推手相结合所产生的一种独特的劲。太极拳内劲的实质和运行，陈鑫认为是以意行气，轻轻运动，发于丹田，运于骨缝之内，再由骨缝内运于肌肤，贯注于四梢（两手指，两足尖），复归于丹田，缠绕往来，轻灵圆转，逐渐产生一种棉软而又沉重，外似棉花，内如钢条的一种内劲。功夫越深，内劲的质量越高，得陈氏老架、新架之传的武禹襄形容这种劲为"似松非松、将展未展"，"行气如九曲珠，无微不到"，"运劲如百炼钢，无坚不摧"。

内劲是潜移默化地在螺旋式地旋转的，它像水银似地流动极为快速；在外形上看，它是轻灵而不流于飘浮，沉着而不涉于呆滞，富有缠绵曲折的意趣。内劲主要是从练拳架中锻炼出来的，它是极为沉重而又极为虚灵的一种浑厚灵活的劲。推手时如果没有内劲，即使已做到一身备五弓，掌握了呼吸蓄发的有机联系，仍然是不可能将对方“引之使来，不得不来，放之使去，不得不去”的。陈鑫说：“但引而不击，有顺势牵之使进，以抖他人之劲；抖足则其劲自散，全体无力，欲进不得势，欲退不敢，此引进之妙境也”。这种抖劲即来源于充沛的内劲，也说明了太极拳缠绕运转时之需要内劲，是和推手的实践有关系的。

推手如果单凭触觉灵敏，而缺乏一种浑厚轻灵的“极柔软，然后能极坚刚”、“运劲如百炼钢，无坚不摧”的内劲，则等于有被动而无主动，有轻武器而无重武器，就很难引动对方，放劲干脆；相反地，易被对方所引动。

太极拳阴柔轻灵的一面，譬之和风细雨，太极拳阳刚沉着的一面，譬之雷霆万钧，两者兼备互用，才得“太极两仪，有柔有刚”之全。阳刚阴柔两者的融浑无间，即两仪的仍归太极。凡偏刚无柔的须防跌失，偏柔无刚的，难临强敌。一举动，轻柔重刚齐发的，处处能控制对方重心，使失去平衡，处处能越过对方防守点轻灵地进逼，使对方不知我手从何而来，达到“出手不见手，手到不能走”的境界。才是太极拳的妙手。内劲即包含有柔化刚发的阴阳浑沦的全体大用。陈鑫说：“若是功夫纯熟，由其大无外之圈，造到其小无内之境，不遇敌则已，如遇劲敌，则内劲猝发，如迅雷烈风之摧枯拉朽，孰能当之”。缠丝劲的沾连粘随如果没有充足的内劲，出手就没有威力，化也化不好，发也发不好；想引动对方则不能起作用，就不能得机得势而制人；想化动对方来劲，又容易被压匾而身法被破坏，因之处于失机失势的被动局面而受制于人。陈鑫指出：“气不由中心丹田而发，则气无所本而失于狂妄，必至失败。此内劲之不可不研练也；果能研练至此，则神乎其技矣”。

内劲是无定向，又有定向的，“无定向”为“圆”，“有定向”为“方”，二者互变，互为其根，它是“刚柔兼至而浑于无迹”，是灵活善变的。但是必须方法对头，太极两仪的刚柔虚实必须兼备，加上不断地苦练，才能功夫上身，渐臻精妙。空谈“引进落空”，“四两拨千斤”而功夫不上身，刚柔不兼备，所谓“拳无功，一场空”，是经不起推手比赛的考验的。陈鑫说：“善变无形并无穷，无穷功夫在百练；不疾而速得真宰，如此方称太极拳”。推手时以缠丝劲的沾连粘随为灵魂，但又需以刚柔具备的内劲为统帅，这是前辈太极拳家的训练原则，极为辩证地贯彻了太极的含义。缠丝劲里有内劲的贯注，方能起到“能汇万法为一，能衍一法为万”的作用。着为法，法有万千；以一法制一法，等于一把钥匙开一把锁。劲贯着中，劲为刚柔兼备的一种内劲，一以贯万，以简驭繁，等于掌握了总钥匙。所以王宗岳说：“虽变化万殊，而唯理一贯”。“变化万殊”是着法，“唯理一贯”是“沾连粘随不丢顶”的刚柔、虚实俱备的“似松非松”、“就屈就伸”的内劲。太极拳着重内劲，得其一而万事毕。医疗性、娱乐性的推手不必讲求内劲，但作为竞技性的推手，必须讲求内劲。

六、《太极拳论》在原则上对推手的指导作用

《太极拳论》是太极拳理论方面的经典著作，对推手也是一种很好的理论指导，细心研究其内容并用它来指导练习推手，则可得事半功倍的效果。

（一）太极拳推手功夫的四项基本原则

（1）《太极拳论》中说："太极者无极而生，动静之机，阴阳之母也；动之则分，静之则合"。古时所称"太极"，是对立统一的象征，是一切动静的枢机，由太极生阴阳，如顺逆、柔刚、轻沉、圆方、虚实、开合等皆属此。运动时充分利用了离心力和向心力，因此动之则分，静之则合；分为阳，合为阴。陈鑫说："太极两仪，天地阴阳，阖辟动静，柔之与刚"，就是指这种规律。这种矛盾存在于推手的整个过程中，并贯串于每一个动作过程的始终。因此推手的第一个基本原则，就是要它符合事物运动的矛盾法则，即"矛盾与开合"。

（2）推手时双方搭手对练的过程，也是不断产生矛盾和解决矛盾的过程。《太极拳论》中所说"无过不及，随曲就伸"，就是指动作必须符合下列四点：

①必须"无过"；无过呼为"沾劲"，过则呼为"顶病"；

②必须"能及"；能及呼为"粘劲"，不及呼为"匾病"；

③必须“随曲”；随曲呼为“连劲”，不随而曲呼为“丢病”；

④必须“就伸”；就伸呼为“随劲”，伸得太早，呼为“抗病”。

推手的一切过程都要求具有“沾粘连随”四功，不发生“顶匾丢抗”四病。陈鑫说：“沾连粘随，会神聚精，运我虚灵，弥加整重”。所以第二个基本原则是“沾粘连随”。

(3)《太极拳论》中说：“人刚我柔谓之走，我顺人背谓之粘；动急则急应，动缓则缓随；虽变化万端，而理为一贯”。这是为了做到四功，避免四病的措施。这就是说，人刚则我柔，用“走”以引之。这是被动局面下的“卷合”运用。同时，为了问劲，运用顺遂的势和劲，迫使对方成为“背”，转化为我刚人柔，用“粘”以逼之。粘走时，对方动急则急应之，动缓则缓随之，这样就可有四功而无四病。陈鑫说：“前后左右，上下四旁，转接灵敏，缓急相将”。所以第三个基本原则是“急缓粘走”。

(4)《太极拳论》中说：“由着熟而渐悟懂劲，由懂劲而阶及神明，然非用力之久，不能豁然贯通焉”。在推手时熟练地掌握了前面三个基本原则后，就可领悟人劲，探测对方的动向，所谓懂得人劲。到此时，可信手而应，达到自动的“神明”境界。这是多年反复揣摩、实践和理论研究最后得到豁然贯通的结果。所以第四个基本原则是“实践与理论一致”。

推手功夫四项基本原则

序号	基本原则	具　体　做　法
1.	矛盾开合	动作要开中寓合、合中寓开以达到矛盾对立的统一。
2.	沾粘连随	要做到提上拔高，留恋缱绻，舍己无离，彼走此应。
3.	急缓粘走	使行动粘即是走，走即是粘和动急急应，动缓缓随。
4.	实践与理论一致	钻研前人经验和自己多下功夫相结合。

（二）怎样安排自己来运用四项基本原则

《太极拳论》中说："虚领顶劲，气沉丹田；不偏不倚，忽隐忽显；左重则左虚，右重则右杳，仰之则弥高，俯之则弥深；进之则愈长，退之则愈促；一羽不能加，蝇虫不能落；人不知我，我独知人；英雄所向无敌，盖皆由此而及也"。因此，为了运用四项基本原则，就必须按照上列拳论做好下列六点：

（1）顶劲要虚虚领起，则精神自然提起。同时气向丹田下沉。由于上领下沉，即使身躯放长而产生弹性成为掤劲。陈鑫说："沿路缠绵，静运无慌，肌肤骨节，处处开张"。若是硬邦邦的僵劲，就会失去掤劲，也就不能再通过沾粘去求懂劲。

（2）立身须中正安舒，具有支撑八面之势，使推手时身躯不致偏于一边或依赖于对方身手之上，以免己劲为人所懂。若偏于一边，就不易顺遂地运用粘走功夫。

（3）在神气内隐则柔、外显则刚的前提下，推手时要具有忽隐忽显的刚柔变换作用，这正是求懂劲过程中不断问劲的表现。

（4）推手时要求做到两手有虚实，两足有虚实，一手一足上下亦要分虚实，形成处处皆有此一虚一实。陈鑫说："虚实兼到，忽见忽藏"；"实中有虚，人已相参；虚中有实，孰测机关"。待虚实的转换熟练后，只要注意一手，其他一手两足由于上下相随，自然也就能随着灵换。所以陈鑫又说："千古一日，至理循环，上下相随，不可空谈"。这是问劲、化劲和得到懂劲功夫的基础。

（5）对方仰来则高以引之，使有高不可攀之感而失重心，对方俯来则愈向下引，使有如临深渊，摇摇欲堕之感；对方进迫则愈引愈虚，使有长不可及之感，对方退走则粘逼使有迫促之感。这是符合沾、粘、连、随的化劲与发劲要求的，这样就可避免发生顶匾丢抗四病。

（6）推手时精神须提起，这样周身才能轻灵贯串，并要轻灵得具有"一羽不能加"的敏感。同时要螺旋式缠丝地不断变动，要旋转得形成"蝇虫不能落"的气势。若动作表现出迟重不灵，则不易懂劲；若运劲而没有缠丝，则失去化劲，也失去半化半进、明化暗进、即化即进的缠丝劲技巧。没有化劲，就变成比力，就不成为太极式的推手了。能化而不能发，能柔而不能刚，刚柔不能相济，都非太极两仪之全。

具有上列六项功能，就能贯彻推手的四项基本原则，达到懂得人劲而不为人懂的功夫，使比赛能处于不败之地。

四项基本原则的具体运用

1	虚领顶劲，气沉丹田	须在精神提起，气向下行和全身放长之下实现。
2	不偏不倚	要立身中正，支撑八面，尾闾正中神贯顶。
3	忽隐忽显	隐则柔，显则刚；忽隐忽显，刚柔相济。
4	左重则左虚，右重则右杳	两手分虚实，两足分虚实；一手一足上下相随地分虚实。
5	仰之弥高，俯之弥深；进之愈长；退之愈促。	左列四项，必须遵照进行，切不可背道而驰，它形容沾粘连随的方向。
6	一羽不能加，蝇虫不能落	轻灵得一羽不能加，旋转得蝇虫不能落。
7	不为人知，善能知人	粘即是走，走即是粘，人不知是粘是走；粘的引进，走的落空，通过粘走，得以知人。

（三）太极拳推手要求人力克制自然

《太极拳论》中说：“斯技旁门甚多，虽势有区别，概不外乎壮欺弱，慢让快耳。有力打无力，手慢让手快，是皆先天自然之能，非关学力而有为也。察四两拨千斤之句，显非力胜，观耋耄能御众之形，快何能为?”可见，太极拳推手不是比力而是比技巧。“壮欺弱，慢让快”那是自然的本能，不是技巧的功能。所谓技巧，则是顺应自然以克制自然，达到“弱胜壮，慢胜快”。自然界中的杠杆粘点和螺旋转化的原理，就具有“四两拨千斤”的功能。推手利用了这种原理，就可揉化一切重力，呼为化劲。有此化劲功夫，就可以轻制重。同时，太极拳的运劲是运用了离心力，并以腰脊作中轴，使一切动作皆走内圈；走内圈，虽“线速度”较慢，而仍可胜过走外圈的快，这是“后人发，先人至”的缘由，也是慢胜快的关键所在。

（四）如何防止“双重病”

《太极拳论》中说：“立如秤准，活似车轮，偏沉则随，双重则滞，每见数年纯功不能运化者，率自为人制，双重之病未悟耳”。所谓双重病，就是指推手过程中双方僵持不动的病象。这是由于姿势上和劲别上发生了顶抗所形成的。为了解除此病，在身肢上必须“立如秤准”，在步法上必须“活似车轮”。所谓秤准，就是头如准头，腰如根株，两膊相系地掤着如两盘，使自己形成似一架水平仪一样的身法。用这样的身法探触对方，则对方的轻重浮沉莫不显然可辨。若偏沉于己，则走以引之；若偏沉于彼，则粘以随之；这是身法上立如秤准的功用。上部两膊相系的旋转，下部两腿相随的变换，犹如一架水平仪装在球形车轮上，可以左右、前后、上下地旋转。步随身转，身随眼动，眼身相随，则旋转进退自如，这是步法上活似车轮的成果。因此，能引能随，则身法和步法就可避免双重的病象。

防止“双重病象”的措施

1	立如秤准	全身具有一定的掤劲，在立身中正之下才能达到如水平仪一样的平衡。	用这样身法探触对方，轻重浮沉莫不显然可辨。
2	活似车轮	在腰脊作中轴和两膊相系之下，活动的关键，在上下虚实相随。	活似车轮的另一个作用，是当对方要劲时则顺缠以给之，若对方给劲时，则逆缠以受之。

（五）要求在避免“双重病”中达到懂劲

《太极拳论》中说：“欲避此病，须知阴阳；粘即是走，走即是粘；阴不离阳，阳不离阴；阴阳相济，方为懂劲”。要防止双重病，就劲别上说，首先必须了解粘即是走和走即是粘的道理，以达到粘走的统一。粘走的统一是由缠丝而来的；统一了粘走，就可随时互变，并灵换粘、走的方向。在此变更的一瞬，呼为“听劲①”。听劲是用触觉和内体感觉来探测对方劲的动向：彼微向后左或后右，就立即采用顺缠的粘；彼微向己左或己右，则立即采用逆缠的走。这是“彼不动，己不动；彼微动，己先动”的要求。由于粘走统一，遂形成阴阳相济，由于沾粘连随，遂得到懂劲的功夫。这是由避免双重转而求得懂劲的妙用。

在防止双重病过程中达到懂劲的功夫

序号	怎样避免双重	怎样得到懂劲的功夫
1	须知阴阳	要知道对方动作的来龙去脉和劲的大小，必须做到粘走的统一，如缓速、轻沉、刚柔等，这是懂劲的基本方式。
2	粘即是走 走即是粘	这是推手的中心环节，它体现了收即是放、放即是收的原则。要求在粘走中如玉环的无端。若不能粘走相生，推手就无真懂劲可言。
3	阴不离阳 阳不离阴	粘走是线路，阴阳是质量。它的具体表现是慢快相间、柔刚相济、圆方相生、轻沉相易、虚实相应、开合相换。凡此种种，皆摄于粘即是走、走即是粘的具体动作之中。

① 所谓听劲，乃是由皮肤的触觉和内体感觉来探测对方劲的大小、长短和动向的意思。

（六）懂劲后的“神明”阶段及舍己从人的界线

《太极拳论》中说：“懂劲后，愈练愈精，默识揣摩，渐至从心所欲，本是舍己从人，多误舍近求远。所谓差之毫厘，谬之千里，学者不可不详辨焉”。在熟练的基础上，就须进一步作理论上的研究，通过客观的摩到主观的揣，使主客观得到统一。由实践练得的动力定型渐至从心所欲，以达到自动化的“神明”阶段。这是推手最高的功夫。到此阶段，尚须辨明舍己从人的界线，以求达到正确的运用。推手要求舍己从人，这是产生沾粘连随的基本要求。但从人须有分寸，不能一味盲从，其原则是：“从近不从远”。远则孤军深入，使自己出了方圆。这是给人利用以制己，是授人以柄。陈鑫说：“敌如诈诱，不可紧追；若逾界限，势难转回，况一失势，虽悔何追”。这就是说，在这方面差别虽小，但对最后的得失却是关系甚大的。

第五章　陈式太极拳拳论

陈鑫关于陈式太极拳理论留有许多著作，他曾逐势详解理法和运劲，成为陈氏累代专门之学。但陈鑫阐述的理论散见于各篇，不够系统，也不够集中。作者（顾留馨）素爱太极拳并穷究其理，故由他从几本书中分类摘录陈鑫的拳论，以便练拳时参考和揣摩。

下面分类摘录的拳论，所根据的主要是陈鑫所著《陈氏太极拳图说》及陈绩甫所著《陈氏太极拳汇宗》，一书中陈鑫的著作部分。后者校对粗疏，误字漏字较多，幸获有李剑华老先生根据原稿（原名《太极真诠》）的抄本，得以校正了文字，庶几无误。

太极拳在一、二百年前也是一种技击性拳术，故古拳论中有许多部分是以陈式老架动作为例，从技击角度出发来加以论述的。本书为了便于研究和整理太极拳理论，特别是为了推广太极拳推手，这些拳论也酌情选用了，尚希读者批判接受，做到古为今用。

陈 鑫 传 略

陈鑫，字品三（1849—1929），河南温县陈家沟人。祖父陈有恒、叔祖陈有本，俱以家传太极拳著名。有本并创造陈氏新架。父陈仲甡（1809—1871），叔陈季甡（1809—1865），有恒中年溺于洞庭湖，仲甡、季甡遂改从叔父有本学拳。

仲甡猿背虎项，魁伟异于常儿，三岁即习武，及长与弟季甡同入武庠。咸同年间，陈家沟拳家以仲甡、季甡与陈长兴（1771—1853）子耕云为功夫最好，仲甡能运使铁枪重三十斤作战，尤称武勇。陈鑫和兄垚从父习拳。垚十九入武庠，每年练拳万遍，二十年如一日，故功夫纯厚，躯干短小，不知者不信其能武，尝与县衙护勇斗，连击六七人踣地，余皆畏怯遁去。

鑫自幼从父习拳，备明理法，故于太极拳亦精微入妙。以父命读书，而仅得岁贡生，晚年颇悔习文，以为兄习武多成就，于是发愤著书，其志尤在阐发陈氏世代相传之太极拳理法。著有《陈氏家乘》五卷、《安愚轩诗文集》若干卷、《陈氏太极拳图说》四卷、《太极拳引蒙入路》一卷及《三三拳谱》。

《陈氏太极拳图说》写自光绪戊申（1908）至民国己未（1919），手自抄写，虽严寒盛暑不懈。其抄本先后有四本，阐发陈氏累代积累的练拳经验，洋洋二、三十万言，逐势详其着法、运劲和周身规矩；以易理说拳理，引证经络学说，贯串于缠丝劲的核心作用，而以内劲为统驭。鑫无子，老且病，乃召兄子椿元于湘南，以《陈氏太极拳图说》授之曰："若可传则传之，不则焚之，毋与妄人也”。1930年冬末，唐豪约陈子明去陈家沟搜集太极拳史料，见其遗稿而善之。1931年春初向河南国术馆馆长关百益建议购其书，关氏遂集资七百元向椿元购得一本，交开封开明书局于1933年出版，线装四册。陈鑫殁后，以家贫停柩多年未葬，椿元得稿费后始为营葬。1935年陈绩甫（照丕）编著《陈氏太极拳汇宗》（南京版，两册）亦采入其图说，惟所采为别一稿本，内容较前书略少，文字亦间有不同。《太极拳引蒙入路》为《陈氏太极拳图说》简明本；《三三拳谱》则为以太极拳理法修订形意拳谱者，唐豪于椿元处曾翻阅其书，仅许抄存目录，其所修订者约为形意拳原谱十之三云。椿元于1949年去世，陈鑫遗稿不知藏于何人之手。自陈家沟陈氏九世陈王廷创造太极拳以来，陈氏世代习其拳，名手辈出，而著述极少。经七传至陈鑫始重视文字记录。

（此传资料系据陈子明《陈氏世传太极拳术》、张嘉谋《温县陈君墓铭》、陈鑫《陈氏家乘》和唐豪生前所述编写而成）

一、太极拳经谱　　　陈　鑫

太极两仪，天地阴阳，阖辟动静，柔之与刚。屈伸往来，进退存亡，一开一合，有变有常。虚实兼到，忽见忽藏，健顺参半，引进精详。或收或放，忽弛忽张，错综变化，欲抑先扬。必先有事，勿助勿忘，真积力久，质而弥先。盈虚有象，出入无方，神以知来，智以藏往。宾主分明，中道皇皇，经权互用，补短截长。神龙变化，俦测汪洋？沿路缠绵，静运无慌。肌肤骨节，处处开张，不先不后，迎送相当。前后左右，上下四旁，转接灵敏，缓急相将。高擎低取，如愿相偿，不滞于迹，不涉于虚，至诚运动，擒纵由余，天机活泼，浩气流行。佯输诈败，制胜权衡，顺来逆往，令彼莫测。因时制宜，中藏妙诀，上行下打，断不可偏。声东击西，左右威宣，寒往暑来，谁识其端？千古一日，至理循环，上下相随，不可空谈。循序渐进，仔细研究，人能受苦，终跻浑然。至疾至迅，缠绕回旋，离形得似，何非月圆。精练已极，极小亦圈，日中则昃，月满则亏。敌如诈诱，不可紧追，若逾界限，势难转回。况一失势，虽悔何追？我守我疆，不卑不亢，九折羊肠，不可稍让；如让他人，人立我跌，急与争锋，能上莫下；多占一分，我据形胜，一夫当关，万人失勇。沾连粘随，会神聚精，运我虚灵，弥加整重。细腻熨贴，中权后劲，虚笼诈诱，只为一转；来脉得势，转关何难？实中有虚，人己相参；虚中有实，孰测机关？不遮不架，不顶不延(迟也)，不软不硬，不脱不沾，突如其来，人莫知其所以然，只觉如风摧倒，跌翻绝妙，灵境难以言传。试一形容：手中有权，宜轻则轻，斟酌无偏；宜重则重，如虎下山。引视彼来，进由我去；来宜听真，去贵神速。一窥其势，一觇其隙，有隙可乘，不敢不入，失此机会，恐难再得！一点灵境，为君指出。至于身法，原无一定，无定有定，在人自用。横竖颠倒，立坐卧挺，前俯后仰，奇正相生。回旋倚侧，攒跃皆中（皆有中气放收，宰乎其中。）千变万化，难绘其形。气不离理，一言可罄，开合虚实，即为拳经。用力日久，豁然贯通，日新不已，自臻神圣。浑然无迹，妙手空空，若有鬼神，助我虚灵，岂知我心，只守一敬。

二、太极拳拳谱　　陈　鑫

中气（即太和之元气，不偏不倚，无过无不及）贯足，精神百倍（十年用功，十年养气），临阵交战，切忌先进；如不得已，浅尝带引，静以待动，坚我壁垒。堂堂之阵，整整之旗，有备无患，让彼偷营；一引一进，奇正相生，佯输诈败，反败为攻。一引即进，转（转者，从引而忽转之。）进如风，进至七分，疾速停顿。兵行诡计，严防后侵（前后皆是敌人），前后左右，俱要留心。进步莫迟，不直不遂，足随手运，圆转如神。忽上（手足向上）忽下（手足向下），或顺（用顺缠法，其劲顺。）或逆（用倒转法，其劲逆），日光普照，不落边际（以上是敌侵我）。我进击人，令其不防，彼若能防，必非妨方（四句是我侵入）。大将临敌，无处不慎，任他围绕，一齐并进；斩将搴旗，霸王之真。太极至理，一言难尽，阴阳变化，存乎其人，稍涉虚伪（学思并用，须下实在功夫），妙理难寻。（拳法有经有权，生机无穷，变化由我，不待思索。）

三、陈鑫太极拳论分类语录①

1. 心静身正，以意运动

“学者上场打拳，端然恭立，合目息气，两手下垂，身桩端正，两足并齐，心中一物无所著，一念无所思，穆穆皇皇，

---

① 所有集录均系根据陈式老架子练习的方式方法录出，但可供练新架时参考，并可证明老架一般是难练的，复杂的。

浑然如大混沌无极景象，故其形无可名，名之曰无极，象形也。”

“太极者，生于无极也。阴阳由微至著，循环无端，即其生生之机也。……打拳上场手足虽未运动，而端然恭正之中，其阴阳开合之机，消息盈虚之数，已俱寓于心腹之内。此时壹志凝神，专主于敬，而阴阳开合，消息盈虚，特未形耳。时无可名，亦名之曰太极。言此以示学者初上场时，先洗心涤虑，去其妄念，平心静气，以待其动。如此而后可以学拳。”

“拳名太极，实天机自然之运行，阴阳自然之开合也，一丝不假强为，强为者皆非太极自然之理，不得名为太极拳。”“精神贵乎蕴蓄，不可外露圭角。”

“静以待动。”“太和元气到静时，不静不见动之奇。”“不矜不张，局度雍容，虽曰习武，文在其中矣。”

“身必以端正为本。”

“身法端凝莫侧，收敛精神，另无他诀，心平气和则得。”

“身法正者，身桩端正，无所偏倚，虚灵内含，故不惧他人推倒。”

“不偏不倚，无过不及。”

“不偏不倚，非形迹之谓，乃神自然得中之谓也。”“若兼带俯仰伸缩法，规矩方为完全合一。久练纯熟则起落进退，旋转自由，而轻重、虚实、刚柔齐发。”

“打拳原是备身法，身法有正有斜，有直有曲，有顺有逆；有偏前，有偏后；有偏左，有偏右；有偏上，有偏下；有在地上坐，有在空中飞；有束住，有散开；种种身法，不可枚举，皆有中气以贯之。此临时以意会之自知。”

“身虽有时歪斜，而歪斜之中，自寓中正，不可执泥。”

“间架即有时身法歪斜，是亦中正之偏，偏中有正，具有真意，有真意其一片缠绵意致，非同生硬挺霸，流于硬派。”

“以心中浩然之气，运于全体，虽有时形体斜倚，而斜倚之中，自有中正之气以宰之。”

“至于身法，原无一定，无定有定，在人自用，横竖颠倒，立坐卧挺，前俯后仰，奇正相生，回旋倚侧，攒跃皆中（皆有中气放收，宰乎其中），千变万化，难绘其形。”

“身法不论大身法转关或小身法过角，以灵动敏捷为尚。”

“能会此身转移法，神机变化在其中。”

“打拳心是主。”

“以心为主，而五官百骸无不听命。”

“天君有宰，百骸听命。”

“运用在心，此是真诀。”“中和元气，随意所之，意之所向，全神贯注。”

“动静缓急，运转随心。”

“运化全在一心中。”

“四体从心而运，官骸皆悦以顺从，而要皆以乾坤正气行之也。”

“心中一物无有，极其虚灵，一有所着，则不虚不灵，惟静以持之，养其诚以至动静咸宜，变化不测。”

“妙机本是从心发。”

“问：运行之主宰？曰：主宰于心。心欲左右更迭运行，则左右手足即更迭运行；心欲用缠丝劲顺转圈，则左右手即用缠丝劲顺转圈；心欲沉肘压肩，肘即沉，肩即压；心欲胸腹前合，腰劲箭下，裆口开圆，而胸向前合，腰劲箭下，裆即开圆，无不如意；心欲屈两膝，两膝即屈，右足随右手运行，左足随左手运行，而膝与左右足皆随之，不然多生疵累，此官骸之所以不得不从乎心也。吾故曰：心为一身运行之主宰。”

“或曰：拳之大概即闻命矣，而要打不出神情，何也？曰：此在平居去其欲速之心，如孟子所言，必有事焉而勿正，心勿忘，勿助长焉。临场先去其轻浮慌张之气，清心寡欲，平心静气，着着循规蹈矩，积久功熟，然后此中层累曲折，历尽难境，苦去甘来，机趣横生，浡不可遏，心中有情有景，自然打出神情矣。要之此皆人力所能为者，至于无心成化，是在涵养，日久优游，以俟其自至则得矣。”

“一片灵机写太和，全凭方寸变来多，有心运到无心处，秋水澄清出太阿。”

“拳虽小技，皆本太极正理。”

“拳虽武艺，得其正道（中庸之道，不偏不倚，无过无不及），无往不宜。”

2. 开合虚实，呼吸自然

“开合虚实，即为拳经。”

“以吾身本有之元气，运于吾身，其屈伸往来，收放擒纵，不过一开一合与一虚一实焉已耳。”

“一开一合，拳术尽矣。”

“动静循环，岂有间哉！吾所谓：一动一静，一开一合，足尽拳中之妙。”

“一开一合妙入微，上下四旁泄化机，纵使六子俱巧舌，也难描写雪花飞。”

“开合原无定，屈伸势相连。太极分阴阳，神龙变无方。”

“阖辟刚柔顺自然，一扬一抑理循环。”

“一开一合，有变有常，虚实兼到，忽现忽藏。”

“开中有合，合中有开；虚中有实，实中有虚。”

“实中有虚，虚中有实，太极自然之妙用，至结果之时，始悟其理之精妙。”

“周身一齐合到一块，神气不散，方能一气流通，卫护周身。”

“打拳以调养血气，呼吸顺其自然。……调息绵绵，操固内守，注意玄关。……轻轻运行，默默停止，惟以意思运行。”

“头直，眼平视，肩与肩合，肘与肘合，手与手合，大腿根与大腿根合，膝与膝合，足与足合，平心静气，说合上下一齐合住，气归丹田，合法皆用倒（逆）缠法。”

“开则俱开，合则俱合。”“至合之时，气必归于丹田。”

“一开一合，莫非自然。”

“非但合之以势，宜先合之以神。”

“合者合其全体之神，不但合其四肢。”

“一开一合阴阳备，四体（两手两足）殷勤骨节张。”

“每日细玩太极图，一开一合在吾身。”

“心要虚，心虚则四体皆虚，丹田与腰劲足底要实，三处一实则四体之虚者皆实，此之谓虚而实。”

“天地阴阳之理，不过消息盈虚而已，故孔子尚消息盈虚。打太极拳亦是消息盈虚。息者，喘息也，呼吸之气也，生长也，故人之子谓之息，以其所生也，因气微，故谓之息。消者，减也，退也。盈者，中间充满也。虚者，中间空也。”

3. 轻灵圆转，中气贯足

“能敬能静，自葆虚灵。”

“心身不可使气，轻轻运动。”

“以灵动敏捷为尚。”

“且心一虚，则全体皆虚，惟虚则灵，灵足以应敌。”

“打拳者，手极虚极灵，物有挨着即知，即能随机应之，不惟手，即背面全身尽是虚灵。”

“往来屈伸，如风吹杨柳，天机动荡，活泼泼地毫无滞机。”

“以虚灵之心，养刚中之气。”

“至于手足运动，不外一圈，绝无直来直去。”“所画之圈有正斜，无非一圈一太极。”“沿路缠绵，静运无慌。”

“足随手运，圆转如神。”

“离形得似，何非月圆，精练已极，极小亦圈。”“圈是周身转，不但手足，而手足在外易见，故以手转言之。”

“越小小到没圈时，方归太极真神妙。”

“打拳中气所往，人孰能禁!”

“以浩然之气行之，无往不宜。”

“心劲一发，而周身之筋脉骨节，无不随之，外之所形，皆由中之所发，故曰内劲。”

“内劲何发何行？发于一心，而行于四肢之骨髓，充于四肢之肌肤。”

“不滞不息，不乖不离，不偏不倚，即是中气。”

“中气得十分满足，气势盛足。”

“拳以中气运行，人乃心服，斯即化成天下。”

“以引足为止，学者多性躁，未下功夫，先好打人，不知侵到何处，即以何处引击，不拘定格。”

“中气贯足，物来顺应，物莫能违。”

“拳家手成，能平其志，自无横气。”

“中气运到手指头方为运足。”

“足大指待手气走足后，乃与手一齐合住，此时方可踏实。”

“其劲皆发于心内，入于骨缝，外达于肌肤，是一股劲，非有几股劲，即气之发于心者。得其中正即为中气，养之即为浩然之气。”

“中气贯脊中。”

“若问此中真消息，须寻脊背骨节中。”

“中气上自百会穴，下贯长强穴，如一线穿成也。”

“中气贯于心肾之中，上通头顶，下达会阴，……中气充实于内，而后开合擒纵，自无窒碍。”“中气必由胳膊中徐徐运行，不可慌张忽略，顺其当然之则，运其自然，勿令偏倚，而以心气行于两肱之中，是为中气。”

“其形若止，其意不止，渐渐充其内劲，必使劲由骨缝中充至肌肤，以及指头，待内劲十分充足，则下势之机致自动。”

“一气运行，绝不停留，纯是浩气流转于周身，势不可遏。”

“但凭得周身空灵，一缕中气随势扬。”

“两人相敌，性命所关，外观诸人，内观诸己，知己知彼，百战百胜，而一以中气御之，不失大中至正之道。”

“以心中之中气运乎四肢之中，是人所不见己，我独知之地，须时时神而会之；久而自明。”

“顶劲领起来（顶劲：心之中气。领：如提起）顶劲何在？在百会穴，其意些须领住（领是领其全体精神，令其不偏不倚）就算，不可太过，过则下掤上悬，立不稳当，此是一身关键，中气之所通者，不可不知。中气上通百会，下通二十椎，此处一通则上下皆通，全体之气脉胥通，自无倒倾之弊。脑后二股筋是佐中气之物，二筋之间其无筋处乃中气上下流通之路，下行脊骨之中至二十一椎止。即前后任督二脉亦皆是辅吾之中气。

中气最难名，即中气所行之路处亦最难名，无形无声，非用功夫久，不能知也。所以不偏不倚，非形迹之谓，乃神自然得中之谓也。即四肢中所运之中气亦即此中气之旁流，非另有一中气。此处不偏，而后四肢之中气皆不偏，虽四体形迹呈多偏势，而中气之流于肢体中者自是不偏，此意第可神而明之。”

“气非有两，其柔而劲者为中气，一味硬者为横气。其为用也，不偏不倚，无过不及，是中气之用，非中气之体。中气之体即吾心中阴阳之正气，即孟子所谓配道义浩然之气也。”

4. 缠绕运劲，舒畅经络

“凡经络皆有益于拳。”

“打太极拳须明缠丝劲，缠丝者，运中气之法门也，不明此，即不明拳。”

“太极拳缠丝法也。进缠退缠，左右缠，上下缠，里外缠，大小缠，顺逆缠，而要莫非即引即缠，即进即缠，不能各是各着；若各是各着，非阴阳互为其根也。”

“浑身俱是缠劲，大约里缠外缠，皆是随动而发，有左手前，右手后；右手前，左手后，而以一顺合者；亦有左里合，右背合者；亦有用反背劲而往背面合者，各因其势之如何而以自然者运之。其劲皆发于心内，入于骨缝，外达于肌肤，是一股劲，非有几股劲。即气之发于心者，得其中正，则为中气，养之即为浩然之气。”

“此中意趣，莫割断神气，神气不断，血脉自然流通。”

“天地间未有一往而不返者，亦未尝有直而无曲者矣。”

“盖物有对待，势有回还，古今不易之理也。”“卫生之本，还气妙诀。能善运气，始能卫其生命。”

“自当从良师，又宜访高朋，处处循规矩，一线启灵明；一层深一层，层层意无穷，一开连一合，开合递相承。”

“五运六气司变化，武术得之自通神。”

“任脉起于会阴，上行循腹里至天突、廉泉止，督脉亦由会阴起，过长强，顺脊逆行而上至百会，下降至人中止。……上身任督以腹背言，……皆位乎中，可以分，可以合也。分之以见阴阳之不离，合之以见浑沦之无间，……人能明任督以运气保身，……行导引之术，以为（却病延年）之根本。打拳以调养血气，呼吸顺其自然，扫除妄念，卸尽浊气，先定根基，收视返听，含光默默，调息绵绵，操固内守，注意玄关（即丹田），功久则顷刻间水中火发，雪里花开，两肾如汤热，膀胱似火烧，真气自足。任督犹车轮，四肢若山石。无念之发，天机自动。每打一势，轻轻运行，默默停止，惟以意思运行，则水火自然混融。……练过十年以后，周身混沌，极其虚灵，不知身之为我，我之为身，亦不知神由气生，气自有神，周中规，折中矩，不思而得，不勉而中，……不知所以然而然；亦不知任之为督，督之为任，中气之所以为中气也。时措咸宜，自然合拍。此言任督之升降顺逆，佐中气以成功。气动由肾而生，静仍归宿于肾。一呼一吸，真气之出入，皆在于此。……总之，任说千言万语，举莫若清心寡欲，培其本原，以养元气。身本强壮，打拳自胜人一筹。”

“此劲皆由心中发，股肱表面似丝缠，斜缠顺逆原有定，最耐浅深细究研。究研功夫真积久，一旦豁然太极拳，人身处处皆太极，一动一静俱混然。”

“胳膊劲由心发，行于肩、过肘、至指，此是顺缠法。由骨至肌肤，由肩至指，出劲也。由指至肩倒（逆）缠法，所谓入劲者，引之而来，使敌近于我也。”

“两腿之劲，皆由足大拇指领起，过涌泉，上缠过外踝，向里缠，斜行而上，过三里，越膝，逾血海，至大腿根，两腿根间谓之裆，即会阴穴也（盖两劲对头是其结穴，此处是腿劲归宿，腰劲稍往下降，降至此腿根撑开，裆劲自圆）。运劲足后跟踏地，渐至趾通谷、大钟、外腓以及隐白、大敦、厉兑，实实在在地踏于地上（脚趾脚掌要抠住地，涌泉要虚，不虚则趾不着力，用不上力，是为前后实，中间虚）。”

官体之劲，各随各经络运行，无纤悉之或差。”

“一往一来运一周，上下气机不停留，自古太极皆如此，何须身外妄营求。”

5. 上下相随，内外相合

“一身必令上下相随，一气贯通。”

“内外上下必随，其劲不可拂逆。”

“发令者在心，传令者在手，观色者在目。此心、手、眼三到之说，缺一不可。”

“上下手足各相随，后往前转莫迟迟。”

“不先不后，迎送相当，前后左右，上下四旁，转接灵敏，缓急相将。”

“上面手如何运，下体足如何运，上下相随，自然合拍。”

“要手全在手掌，手指领起周身运动，足随手尤其紧要。”“足随手运，圆转如神。”

“中间胸腹随手足运，上下一气贯通，说动一齐动，说止一齐止。”

“击首尾动精神贯，击尾首动脉络通，当中一击首尾动，上下四旁扣如弓。”

“内外一气流转。”

“八体（顶、裆、心、眼、耳、手、足、腰）关紧君须记，人力运成夺天工。”

“太极拳千变万化，无往非劲，势虽不侔，而劲归一。夫所谓一者，自顶至足，内有脏腑筋骨，外有肌肤皮肉，四肢百骸相联而为一者也。破之而不开，撞之而不散。上欲动而下自随之，下欲动而上自领之，上下动而中部应之，中部动而上下和之，内外相连，前后相需，所谓一以贯之者，其斯之谓欤！”

“心与身不可使气，轻轻遵住规矩，顺其自然之势而运之。以手领肘，以肘领肩；下则以足领膝，以膝领大股。其要处全在以手足指头领住运行。或问：手足全不用气，何以运动？曰：手中之气，不过仅仅领住肩臂而已，不可过，过则不灵。至于足，较之手稍重而已。”

6. 着着贯串，势势相承

“拳之一道，进退不已，神气贯串，绝不间断。”“初学用功，先求伏应，来脉转关，一气相生。”“上着下着，一气承接，勿令神气间断。”“打拳全在起势，一起得势，以下无不得势。即无敌人徒手空运，亦觉承接得势，机势灵活，故吾谓每一势全在一起，于接骨逗榫处彼势如何落下，此势如何泛起，须要细心揣摩。又全在一落必思如何才算走到十分满足，无少欠缺。神气既足，此势似可停止，而下势之机已动，欲停而又不得停；盖其欲停将停之机，又已叫起下势矣。吾故曰：此时之境，似停不停（不停者，神未足也），不停而停（所停者只一线，下势即起）。”

“学太极拳着着当细心揣摩，一着不揣摩，则此势机致情理，终于茫昧，即承上起下处尤当留心，此处不留心，则来脉不真，转关亦不灵动，一着自成一着，不能自始至终，一气贯通矣。不能一气贯通，则与太和元气终难问津。”

“平素打拳，全在一起一转，所谓‘得势争来脉，出奇在转关’，本势手将起之时，必先使手如何承住上势，不令割断神气血脉；既承接之后，必思手如何得机得势。来脉真，机势得，转关自然灵动。能如此，他日与人交手，自能身先立于不败之地，指挥如意。”

每势将成，“迹似停，气却不停，必待内劲徐徐运到十分充足，下势之机跃跃欲动，方能上势与下势打通，中无隔阂，一气流行，不但一势如是，拳自始至终，每势之末，皆如是。”

“接骨逗榫，细心揣摩。”

“理精法密，条理缕析。”

“层累曲折，胥致其极。”

7. 虚领顶劲，气沉丹田

“问：打拳关键在何处？曰：在百会穴下，自脑后大椎通至长强，其动处在任督二脉。”

“百会穴领其全身。”

“顶劲者，是中气上冲于头顶者也。不领则气塌，领过不惟全身气皆在上，足底不稳，病失上悬，即顶亦失于硬，扭转不灵，亦露笨象，是在似有似无，折其中而已。”

“打拳全是顶劲，顶劲领好，全身精神为之一振。”

“提纲全在顶劲，故顶劲一领而周身精神皆振。”“顶劲中气是股正气，心中意思领起即行到头顶上，中气自然领起来，非有物以提之，是意思如此。”

“拳自始至终，顶劲决不可失，一失顶劲，四肢若无所附丽，且无精神，故必领起，以为周身纲领。”

“顶劲上领，意思如上顶破天，不可用气太过。”

“顶劲领起斜寓正，裆间撑（膝撑开）合（劲合住）半月圆。”

“中气上自百会穴，下贯长强穴，如一线穿成也。”

“顶劲领起来，领顶劲非硬蹬脑后顶间二大筋之谓，乃是中气上提，若有意，若无意，不轻不重，似有似无，心中一点忽灵劲，流注于后顶，不可提过，亦不可不及，提过则上悬，不及则气留胸中，难于下降，此顶劲式。”

“中气贯于心肾之中，上通头顶，下达会阴。”

“顶劲上领，浊气下降，中气蓄住入于丹田。”

“人之一身，以腰为中界，气往上下行，中间以腰为界。”

“孟子曰：志者气之帅，气者体之充。心如将军气如兵，将军一出令，则士卒皆听命。清气上升行于手，浊气下降行于足，气皆行到指头乃止，丹田为全体之气归宿处，如兵马屯处，气之上行下行似两橛，其实一气贯通也。”

“百会穴领其全身，要使清气上升，浊气下降。清气如何上升？非平心静气不可，浊气必下降至足。一势既完，上体清气皆使归于丹田，盖心气一下，则全体之气无不俱下。”

“周身之劲往外发者，皆发于丹田；向里收者，皆收于丹田，然皆以心宰之，处处皆见太和元气气象。”“气归丹田，上虚下实，中气存于中，虚灵含于内。”

“势既成，心平气和，中气归于丹田。”

“丹田气一分五处，其实一气贯通，上下不可倒塌，一也。心气一领，丹田气上行，六分至心，又一分两股，三分上行至左肩，三分上行至右肩，皆是由肩骨缝中贯到左右指头，其在骨缝中者谓之中气，其形肌肤者谓之缠丝劲；其余四分，亦分两股，二分行于左股，二分行于右股，皆是由骨缝中贯至左右足趾。

“至于中气归丹田之说，不必执泥，但使气降于脐下小腹而已。若细研之，丹田非气之原，何以独言归此？此不过略言大意而已，若究其原，周身元气皆出肾，肾水足则气自壮；养于胃，胃得其养则气亦壮；藏于肝，肝气一动逆气横生，气不得其平；涵泳于心，心无妄念则心平者气自和；肺主声，实鸣之以心，心机何往，不必声出诸口而心先喻也；壮于胆，胆则无前，气亦随之；运于脾，是经多气少血，闻声则动，动则运化不已，心一动脾即动矣。佐以大肠，大肠多气少血，且为传道之官；又辅以小肠，小肠在前脐上，后附脊，滓秽不存，浊气去而清气来矣。以上经络，皆有益于拳，故及之。若专言肾，肾者作强之官，技巧出焉，是经少血多气，藏精于志，精神之舍，性命之根。肾有两枚，枚各两系，一系于心，一上通于脑，气之所生，实始于此，归宿必归到此。至于命门，实两肾之间气所出入之门，故曰命门。”

“命脉者，肾也，中气之所由来也。动则出，静则入。有定而无定，言不时变易势，故阴阳二气变易亦无定。”“出肾入肾是真诀。”

“跨虎势定式：腰以上背后魄户、膏肓向胁前合，胸前左右胁第一行渊液、大包属三焦，二行辄筋、日月亦属少阳三焦，三行云门、中府、食窦、胸乡属肺与脾，四行厥阴、期门、天池属肝胆，五行阳明大肠缺盆、气户、梁门、关门属肠胃，第六行少阴腧府、神藏、幽门、通谷属心肾，中一行华盖、紫宫、玉堂、膻中、中庭、鸠尾。

左右胁由渊液、大包以至幽门、通谷两边，皆向玉堂、膻中合住，左右各胁皆相呼应，此左右胁腰以上之式。

腰以下左右气冲、维道皆向气海、关元、中极合住，此左右软胁下式。”

“何谓闪通背？以中气由心下降过脐到丹田，复由丹田与任脉逆行而上越脐，越上脘、华盖、天突、廉泉至承浆（下嘴唇），督脉接住逆行水沟、人中、素髎（鼻准），越神庭、上星、颅会、前顶以至百会，下降越后顶、强门、脑户、风府、哑门、大椎、陶道、身柱、神道、灵台、至阳、筋绪、脊中、悬枢、命门、阳关、腰俞，以至长强（皆脊背俞也），再至会阴极矣（是前任脉，后督脉下面两脉起端处）。中气由百会下通长强、会阴，是谓通背。闪者，如人搂住后腰，前面腰向前猛一弯，头与肩往下一栽，后面长强与环跳（即大腿外骨）往上用力挑其小腹，往上一翻，敌自手散开，颠倒从吾头上闪过前面，仰跌吾前矣。此之谓闪通背。”

“通背如何？当头与肩往下栽时，屁股往上一挑，则督脉从长强穴逆行而上通百会，以至人中，任脉接住下行以至丹田，是引阳入阴一周也。右手从裆涉起，任脉即从丹田逆行而上以至承浆穴，右手随身逆转，手到下，督脉从人中逆行过顶后，由大椎顺行而下，复至长强，是由阴附阳又一周也。待右足退行到左脚之后，右手从下涉起到上，则督脉又自长强逆行而上已至头顶百会矣。是督脉上运已大半圈，待下势以演手捶合住，则督脉由百会下至人中穴，任脉由承浆下行以至丹田，是三周也。以通背一势，而督脉上下来回三过其背，是之谓通背。

右手由头至裆是顺缠法，由裆涉起转过身来手到下，复由下涉起到后之上，以至下势演手捶，皆是逆缠法。”

“演手捶势：此势右足后蹬用劲，劲由后踵逆行而上，至委中，再上行过意舍、魂门、神堂、膏肓、魄户，至肩颙，再由肩颙下行入小海，分入手三里，下行合谷（二指）、中渚（四指）、腕骨（小指），以至四指之第三节。右足之劲用逆缠法，由下逆缠而上，至会阴，斜入意舍，直到肩颙，复用逆缠法缠至捶头，手背朝上，为合劲。督脉逆行而上，由长强上过百会，下至人中，任脉由承浆接住，下行入丹田，前后转一周，以助右拳之劲。且顶劲之领，亦全凭此督脉。右膝右前往里合住劲。胸中要虚，惟虚则灵，劲向前合。腰劲下去，屁股向上翻，则前面气海、丹田与裆中自然向前合住劲，裆不合则下体足底皆不稳，不虚则左右旋转不灵，故必向前合住劲，兼以虚圆。

演手捶五官百骸之劲，皆聚于捶。

演手者易于前贪，不知前贪太过，不惟左右易揭起来，且左右旋转不灵，易于失败，故宁欠一二分，断不可过界一厘，此谓强弩之末，不能穿鲁缟，过之故也，演捶者戒之。”

8. 含胸拔背，沉肩坠肘

“胸要含住劲，又要虚。”

“胸要虚含如磬。”

“胸如鞠躬向前微弯，四面包涵住。”

“中间胸腹自天突穴至脐下阴交、气海、石门、关元，如磬折如鞠躬形，是谓含住胸，是为合住劲，要虚。”

“平心静气，勿使横气填塞胸中。”

“胸要含蓄，气降丹田，无留横气于上。”

“胸膈横气卸到脚底，即不能，亦当卸至丹田。”

“胸间松开，胸一松，全体舒畅，不可有心，亦不可无心。自华盖至石门要虚虚含住，不可令横气横于胸中。”

“胸亦随手转圈。”

“(白鹤亮翅势)胸间劲亦若随住右手与左手先从右向下，向左而上至右，绕一大圈。”

“胸中内劲如太和元气转圈。”

“太和元气运胸中，一动一静合轻重。”

“打拳运动全在手领，转关全在松肩，功久则肩之骨缝自开，不能勉强，左右肩松不下则转关不灵。且松肩不是觯肩，骨节开则肩自松下。”

“肩塌下，不可架起来。”

“转圈机关，全在于肩，故肩中骨缝，宜令开张。”

“胳膊如在肩上挂着一般。”

“肩颙、肩井、扶突，皆松下。”

“肩膊头骨缝要开，始则不开，不可使之强开，功夫未到自开时心说已开，究竟未开；必攻苦日久，自然能开，方算得开。此处一开，则全胳膊之往来屈伸，如风吹杨柳，天机动荡，活泼泼地毫无滞机，皆系于此。此肱之枢纽，灵动所关，不可不知。”

“两肩要常松下，见有泛起，即将松下；然不得已上泛，听其上泛，泛毕即松。不松则全肱转换不灵。故宜泛则泛，宜松则松。每势毕，胸向前合，两肩彼此相呼应。此两肩式。”

“俯肩一靠破铜墙。”

“两肘当沉下，不沉则肩上扬，不适于用。”

“肘尖向下……膝盖与肘尖上下相照。”

“肘在前后、左右、上下，要呼应合住劲。”

9. 运柔成刚，刚柔相济

“打拳以鼻为中界，左手管左半身，右手管右半身，各足随各手动之。心身不可使气，轻轻运动，以手领肘，以肘领臂，手中之气仅仅领起手与臂而已，不可过，过则失于硬。上体手如何运动，下体亦随之，上下相随，中间自然皆随，此为一气贯通。裆劲要开要虚，裆开然后心气发动。”“肌肤骨节，处处开张。”

“欲刚先柔，欲扬先抑。”

“世人不知，皆以（太极拳）为柔术，殊不知自用功以来，千锤百炼（百炼此身成铁汉），刚而归之于柔，柔而造至于刚，刚柔无迹可见。但就其外而观之，有似乎柔，故以柔名之耳，而岂其然哉？且柔者，对乎刚而言之耳。是艺也，不可谓之柔，亦不可谓之刚，第可名之为太极。太极者，刚柔兼至，而浑于无迹之谓也。其为功也多，故其成也难。”

“阴阳互为其根，不可分为两橛。”

“克刚易，克柔难。”

“柔能克刚，以退为进者，坤道也；坤错乾，乾，刚也。坤至柔而动也刚。此拳外面似柔，其实至刚。”

“故拳术以柔克刚，因而中也。”

“打拳何尝不用气，不用气则全体何由运动？但本其至大至刚之气，以直养无害焉已耳。”

“一阴一阳，要必以中峰运之，中峰者，不偏不倚，即吾心之中气（不滞不息，不乖不离，不偏不倚，即是中气），所谓浩然之气也。”

“此气行于手足中，不刚不柔自雍容。”

“浑灏流行，自然一气，轻如杨花，坚如金石，虎威比猛，鹰扬比疾，行同乎水流，止侔乎山立。”“以虚灵之心，养刚中之气。”

“胸中一团太和元气，充周四体，至柔至刚，实备乾健坤顺之德。当其静也，阴阳所存，无迹可寻；及其动也，看似至柔，其实至刚，看似至刚，其实至柔，刚柔皆具，是谓：阴阳合德。”

“运动似柔而实刚，精神内藏而不露，此为上乘。”“坤至柔，而动也刚。”“柔顺济以刚直。”

“乾刚坤柔，阴阳并用，不偏不倚，无过不及。”

“阴阳互用，天道所藏，动静无偏，乃尔之强。”

“久练纯熟，则起落进退，旋转自由，而轻重、虚实、刚柔齐发。”

“任人四面来侮，此身全仗虚灵，官骸无所不顾，……任尔奸巧丛生，自是刚柔素具。”

“拳以太极名，古人必有以深明乎太极之理，而后于全体之上下、左右、前后，以手足旋转运动，发明太极之蕴，立其名以定为成宪，义至精也，法至严也，……虽曰拳为小道，而太极之大道存焉。……后之人，事不师古，不流于狂妄，即涉于偏倚，而求一不刚不柔，至当恰好者，以与太极之理相吻合者，盖亦戛戛乎其难矣。”

“虞廷执中，孔门一贯，此外无余蕴。……神而明之，存乎其人。”

“然刚柔既分，而发用有别。四肢发动，气形诸外，而内持静重，刚势也；气屯于内而外现轻和，柔势也。用刚不可无柔，无柔则环绕不速；用柔不可无刚，无刚则催迫不捷。刚柔相济，则粘、游、连、随、腾、闪、抖、空、掤、搌、挤、捺，无不得其自然矣。刚柔不可偏用，用武岂可忽耶！”

10. 先慢后快，快而复慢

“由起至止，须慢慢运行，能慢尽管慢，慢到十分功夫，即能灵到十分，惟能灵到十分火候，斯敌人跟不上我，反以我术为奇异，是人之恒情也，殊不知是先难之功之效也。”

“每著之中，五官百骸顺其自然之势，而阴阳五行之气运乎其中，所谓：‘动则生阳，静则生阴，一动一静，互为其根’。是所谓：‘阳中有阴，阴中有阳。’此即太极拳之本然。”

“练太极拳之步骤有三层功夫：第一步，学时宜慢，慢不宜痴呆；第二步，习而后快，快不可错乱；第三步，快后复缓，是为柔，柔久刚自在其中，是为刚柔相济。”（此一则为陈复元语）

11. 窜奔跳跃，忽上忽下

“青龙出水是直进平纵法，左足随右足向前飞纵，裆中会阴、长强劲随顶劲上提，前纵如灵猫扑鼠，纯是精神，又虚又灵。”

“引蒙：指裆捶下紧接青龙出水，二势夹缝中先将右肩松下，右半个身随之俱下，下足再泛起来往前纵，其未纵时右手捶如绳鞭穗欲往前击，先向后收，然后从后翻上向前绕一大圈击去，身亦随之前纵。其纵之诀，前面手向前领，后面右足之隐白、大敦、厉兑、窍阴、侠溪，皆用劲。劲由足底过涌泉至足踵翻上去，逆行而上，窬委中、殿门、承扶、环跳，斜入扶边，上行越魂门、魄户，至附分，再斜上行，由曲垣窬小海，斜入支沟、阳池，沿路翻转。将手展开，束住五指，右手领身纵向前去，左脚用力往下一蹬，随右手皆至于前，左手亦随身至前，脚落地后左手落于右乳前停住。

内劲：右半身皆用右转劲（右转即顺转，从里往外转），右手用缠丝劲由腋上行，从里向外斜缠至指肚，右足亦用缠丝劲顺缠至大腿根，上行与扶边相会，一齐上行至附分，分行至腋，斜缠至指肚；左手左足须用倒转劲，而后才能随住右手右足转圈前纵之，本全由于心，心劲一提，上边顶劲领住，中间丹田劲发，上行偏于右半身，下边两足，右足用跃法，右足掌用力后蹬；未纵以前，全是蓄劲，聚精会神，团结其气；方纵之时，纯是向前扑劲，一往直前；右手带转带进，如鹞子扑鹌鹑、苍鹰捉狡兔一样，其志专，其神凝，其进速，其气（气即魄力）稳。玉女穿梭平纵身法，此亦平纵法，愈远逾好，要皆本自己力量为之，必得优游气象，勿露努张之气方好。”

“其内劲发源最远，由仆参逆行而上，逾背后至附分，以至右指。”

“玉女穿梭是顺转平纵法。……其进如风，……手法、步法、转法，愈快愈好，……上虽凭手，下尤凭足，足快尤显手快之能，……自起势以至终势，右手足虽是顺缠法，而周身法皆是倒转劲，连三赶进，皆是进步。至于内劲，自顶劲以至足五趾，法皆与前同，始终以右手右足为主，而以左手左足佐之。右手顺转，左手必是倒转，缠丝劲即道也者不可须臾离也。右手以转大圈为式，功久自然小方好。”

“此势是大转身法，上承野马分鬃下来，右手趁其在下之势，不容少停，即以右手用缠丝劲从下握上，沿路斜形飞风向东去，指如钢锥，亦全赖右足在后随住右手，亦用顺缠丝劲就住上势，大铺身法，尽力向东连进三大步，方够一大圈约八、九尺许。尤在顶劲提好，裆劲不得满足，身随右手如鸷鸟疾飞而进，莫能遏抑，步落粘地即起。”

“玉女穿梭已成之式，似与揽擦衣大同小异，然其实大不相同，彼则身不转动，专心运其右手右足，其气恬，其神静；

兹则连转身带运手足以防身御敌，且以快为事，故其气猛，其神忙，非平素实有功夫，临事以气贯其上下全体者，不能获万全。何也？盖以出入广众之中，以寡敌众，旁若无人，惟天生神勇，其胆正，其气刚，其练习纯熟，故披靡一切裕如也。”

“转引转击出重围，宛同织女弄织机，此身直进谁比迅，一片神行自古稀。”

“二起腿是上跃法，……何谓二起，左右二脚相继一齐离地四、五尺而跃起也，故名踢二起。……然必左足先用力狠上踢，而后右脚始踢高，脚面要平，二起纯是用全体升提法，身法心劲往上一提，全身精神振奋，皆往空中耸跃，右足能高头顶方合式。身随顶劲用力往上纵，愈高愈好，有纵过头顶者，非身轻力大不能。……上身向上纵，下身愈得用力随之上纵，其纵之法，必左右足用力先往下一蹬，足蹬愈重，则身起愈高。”

“心劲一领起来，而五官百骸皆随之而起。”

“二足连环起，全身跃半空。”

“中气提来膂力刚，连环二起上飞扬。”

“何谓跌岔？身从空中跌下，两腿岔开，方为跌岔。此图左腿展开，右腿屈住，此为单跌岔；以双跌岔非用纵法不能起来，不若单跌岔只用左足踵往前一合，右膝往外一开，右足踵用力一翻，即遂起遂落，较之稍易，故用之亦能制胜；且今之拳家皆如此，姑从之。”

“跌岔与二起回顾照应，二起从下而上，飞向半空；此则由半空而下，两腿着地。天然照应，不做牵合，此古人造拳法律之严如此。”

“上惊下取君须记，左足擦地蹬自利。”

“不是肩肘能破敌，一足蹬倒凤凰台。”

“若非此身成铁汉，掷地何来金石声。”

“解围即在一蹬中，非有大功夫，不能以一足胜人也。”

“蹬一跟：吾以左脚踢敌，敌以右手捋住吾脚，欲扭转吾脚，令吾疼痛扑地，或上提吾脚欲吾全身离地而后颠起打之。吾即顺势倒转两手捺住地，而以右足顺住左腿逆行而上，蹉敌人搦吾左脚之右手，难即解矣。或又以敌人搦吾左脚，吾即以右脚蹬敌人右肘尖或蹬其手节，皆可解之。此是蹬一跟之大略。”

“人来蹬吾，吾即以左脚往后退一步，以防蹬吾鸠尾与承浆以下至咽喉。”

“然慎之于蹬之之时则已晚，不若慎之于上势将踢之时，视其可踢则踢之，不可踢则不踢，不可妄用其踢也。”

“即有隙可乘，踢贵神速，不贵迟缓；贵踢关紧穴俞，不贵踢宽髀厚肉不着痛痒处，此要诀也，踢者须知。”

“野马分鬃势：两手握地转如飞，中间一线贯无倚。两手擦地而上，上下全体皆能顾住；中气上自百会穴，下贯长强穴，如一线穿成。两手如两个圆环，互相上下，更迭而舞，其刚莫折，其锐无比，其转无间，故能御敌。”

“铺地锦势与跌岔相呼应，跌岔悬空直下，右脚跺地如金石声，以跺敌人之足，左足蹬人臁骨，可破其勇，右手展开胳膊握地而上，左手前冲以推敌人之胸；此则以髀股后坐坐人之膝，右手拳屈有欲前击意，左腿展开如不得胜，两手右向捺地，用扫堂鞭以扫群敌下臁，则难自解。此以同类相呼应者如此。又与金鸡独立相呼应，金鸡独立左腿竖起，此则左腿横卧，金鸡右膝膝人，此亦以右膝屈住，金鸡独立左手下垂，右肱向上伸，此则右手屈住，左手向上冲，故以上下相呼应。又与二起相呼应，二起身飞半空，此则身落地面，故亦以上下作呼应。”

“前后左右，上下四旁，转接灵敏，缓急相将，高擎低取，如愿相偿。……上行下打，断不可偏，声东击西，左右威宣。……横竖颠倒，坐立卧挺，前俯后仰，奇正相生，回旋倚侧，攒跃皆中（皆有中气放收，宰乎其中）。”

“足随手运，圆转如神，忽上（手足向上）忽下（手足向下），或顺（用顺缠法，其劲顺）或逆（用倒转法，其劲逆）。”

“倒卷肱是退行以避左右；白鹤亮翅是右引左击，兼上引下击法；搂膝拗步是六封（上下，前后，左右皆封住门），四避（四避是东西南北四方令人无隙可攻）；闪通背是前闪（后往前闪）、后滑（是后面捺不住，强捺则滑而跌之）进击法；揽擦衣与单鞭皆是一引一进（此进字是进而击之）法；运手是左右一引一进击法；高探马是左肱背折肘法；左右插脚是下体前攻裆法；中单鞭是左右上下手足并击法；击地捶是攻下法，身后兼滑跌法，诀窍以两腰之中两肾之间命门为上下体之关键枢纽，关键上下皆是倒转劲，身带侧棙住，右后胁向上，左后胁向下，裆劲下好，足踏稳，人遭著背后，身即扭转，愈速愈好，能遵足法，则人自一滑跌倒矣。踢二起与踢一脚、蹬一跟是倒转大转身法，兼以两足上攻法（手当足用，足当手用也）；演手捶、小擒打是前攻上下法；抱头推山是逆转（谓身也）进推法；单鞭是顺转（顺转也是谓身法）左右引击法。

以上数十势是以一人敌数十人大战也；至于避敌之法，不越上下两旁，哪面紧先解哪面围；一齐来者，中气一动，即令一齐皆散，非有功夫不能。”

（附注：以上所提各拳式，均是陈式老架的拳式，录之以供参考）

12. 刚柔俱泯，一片神行

“运动之功久，则化刚为柔，练柔为刚，刚柔得中，方见阴阳。故此拳不可以刚名，亦不可以柔名，直以太极之无名名之。”

“当其静也，阴阳所存，无迹可见；及其动也，看似至柔，其实至刚；看似至刚，其实至柔。刚柔互运，无端可寻。”

“太极理循环，相传不计年，此中有精义，动静皆无偏……开合原无定（活泼泼地），屈伸势相连（却有一定）。太极分阴阳，神龙变无方，天地为父母，摩荡柔与刚，生生原不已，奇正不寻常。乾坤如橐籥，太极一大囊，盈虚消息故，皆在此中藏。至终复自始，一气运弛张，有形归无迹，物我两相忘。”

“阖辟刚柔顺自然，一扬一抑理循环。”

“终而复始，始而复终，惟始与终，循环不穷。”

“太极不过阴阳之浑沦耳。……泯然声臭之俱无，纤巧悉备者，化工也。浑乎雕刻之不作。”

“一来一往运一周，上下气机不停留。”

“天机活泼，浩气流行，动静缓急，运转随心。……至疾至迅，缠绕回旋，离形得似，何非月圆。精练已极，极小亦圈。”

“纯乎天则打拳皆随天机动宕，莫非自然而然，活泼泼地，太极原象，皆从吾身流露。”

“人身处处皆太极，一动一静俱浑然。”

“至虚至灵，一举一动，俱是太极圆象。”

“圆转自如，浑浩流行，绝无滞机，每势完仍归到浑然一太极气象，绝无迹象可寻，端绪可指。”

“打拳熟而又熟，无形迹可拟，如神龙变化，捉摸不住，随意举动，自成法度，莫可测度，技至此，真神品矣。太极之理，发于无端，成于无迹，无始无终，活盘托出，噫！观止矣！拳虽小道，所谓即小以见大者，盖以此拳岂易言哉！”

“故吾身之运行或高或低，或反或正，且忽迟忽速，忽隐忽现，或大开而大合，忽时行而时止，莫非一片灵气，呈于色象，真如鸢飞鱼跃，化机活泼，善观拳者必不于耳目手足之鼓舞于迹象间者深嘉赏也。故学者必先研其理，理明则气自生动灵活，非气之自能生动录活，实理使之生动灵活也。知此而后可与言内劲。如第以由内发外者为内劲，此其论犹浅焉者也。”

“诚于中，形于外，千变万化自无穷，火候到纯青，法密理精，浑身轻灵，左右拿出应应应。”

“神穆穆，貌皇皇，气象浑沦，虚灵具一心，万象藏五蕴，寂然不动若愚人，谁知道，阴阳结合在此身。任凭他四面八方人难近，纵有那勇猛过人，突然来侵，倾者倾，跌者跌，莫测其神；且更有去难去，进难进，如站在圆石头上立不稳，实在险峻，后悔难免陨。岂有别法门，只要功夫纯；全凭者，一开一合，一笔横扫千人军。”

“太极阴阳真造化，鸳鸯绣出从君看。”

“脚踢拳打下乘拳，妙手无处不浑然，任他四围都是敌，此身一动悉颠连。我身无处非太极，无心成化成珠圆，遭着何处何处击，我亦不知玄又玄。”

“一气旋转自无停，乾坤正气运鸿濛，学到有形归无迹，方知玄妙在天工。”

13. 培养本元，勤学苦练

“心为一身之主，肾为性命之原，必清心寡欲，培其根本之地，无使伤损，根本固而后枝叶荣，万事可作，斯为至要。”

“任说千言万语，举莫若清心寡欲，培其本原，以养元气，身本强壮，打拳自胜人一筹。”

“用功各因自己力量运动，其遍数一遍可，十遍亦可，不拘遍数；有力尽管运动，无力即止，不必强为运动，以致出乎规矩，惟顺其自然则得矣。”

“每一势拳，往往数千言不能罄其妙，一经现身说法，甚觉容易，所难者工夫，所尤难者长久工夫。谚有曰：‘拳打万遍，神理自现’信然。”

“空耍拳势，原无定格。……平居耍拳，不可不守成规，亦不可拘泥成规，是在学者能善用其内劲。至于形迹，或为地势所限，随其地势斟酌运用可也。”

“自初势至末势，所图者皆有形之拳；惟自有形造至于无形，而心机入妙，终归于无心而后可以言拳。可见拳在我心；我心中天机流动，活泼泼地触处皆拳，非世之以拳为拳者比也。此是终身不尽之艺，非知之艰，行之惟艰。所图之势皆太极中自然之机。……千变万化，错综无穷，故终身行之不能尽。学者勉之。”

“拳当功力既熟，端正恭肃，敬其所事，不敢自满。……不矜不张，局度雍容，虽曰习武，文在其中矣。”

“孟子曰：‘大匠诲人，必以规矩。’规矩者，方圆之至也。以之诲人是则大匠所能也，至于巧，大匠不能使，惟在学者。苟至于巧，则是遵规矩而不泥规矩，脱规矩而自中规矩。而要志不可满。谚有曰：‘天外还有天，一满即招损。’”

“或者曰：‘此拳不能打人。’不能打人只是功夫不到，若是功夫纯熟，由其大无外之圈，造到其小无内之境，不遇敌则已，如遇劲敌，则内劲猝发，如迅雷烈风之摧枯拉朽，孰能当之。”

“今之学者未用功而先期效，稍用力而即期成，其如孔子所谓先难后获何？问：工夫何以用？必如孟子所谓必有事焉而勿正，心勿忘，勿助长也而后可。理不明，延明师，路不清，访良友。理明路清而犹未能，再加终日乾乾之功，进而不止，日久自到。问：得几时？小成则三年，大成则九年，至九年之候，可以观矣。抑至九年之后，自然欲罢不能，蒸蒸日上，终身无住足之地矣。神手复起，不易吾言矣。躁心者其勉诸。”

“人言此艺别有诀，往往不肯对人表，吾谓此艺无甚奇，自幼难以打到老。打到老年自然悟，豁然一贯神理妙。回头试想懒惰时，不是先知未说到，说到未入我心中，我心反觉多烦恼。天天说来天天忘，有心不用何时晓？有能一日用力寻，阴阳消长自有真。每日细玩太极图，一开一合在吾身，循序渐进工夫长，日久自能闻真香。只要功久能无间，太极随处见圆光，此是拳中真正诀，君试平心细思量。”

“人人各具一太极，但看用功不用功，只要日久能无懈，妙理循环自然通。”

四、陈鑫关于官骸十三目的语录[①]

1. 头

“头为六阳之首，周身之主，五官百骸，莫不体此为向背。”

“顶劲领过则上悬，领不起则倒塌。”

“至于头，耳能听敌来之声，眼能视敌发之色，头能前后左右触之，且左右手又能上行助之。”

2. 眼

“其精神在何处？曰：在眸子。心一动则眸子传之，莫之或爽。”

“运行根于一心，而精神看于眼目，眼目为传心之官，故眼不旁视，足证心不二用。”

“眼神尤为紧要，当随主要之手运行，不可旁视，旁视则神散，志亦不专。”

---

① 其中顶、肩、肘、胸、胯、膝六目，已见前引，不另录。

“手眼为活，不可妄动。”

“眼神注于（主要）手中指，不邪视。”

“眼看住前手中指，中指的也，故必视此，不可旁视令涣散无着。人之一身，运用全在一心，而传神全在于目，故必凝神注视。揽擦衣势右手为主，左手是宾，右手发端，眼必视之，眼随右手而行，至右手停止，眼必注于右手中指甲，五指肚要用力，此前后手运毕归宿处，故必用力。此时运动手似停止而其运动之灵气实不停止，一停止则其气息矣，即与下一势隔阂。此即天地阴阳运转不息，曾二气之在吾身独可息乎哉！惟不息故气越运越实，至运到十分满足，则下势即发起，此即阳极阴生，阴极阳生之意。”

“目能眼光四射。”

“目平视前，光兼四射。”

“眼睛顾视左右，要快。”

“收视返听，含光默默。”

3. 耳

“耳听身后兼左右。”

“耳听身后，防敌暗算。”

“敌人之来，必先有风，急者其风大，缓者其风微，即无风亦必有先兆，敌在前目能视之，其或在右、在左、在身后，是即先兆，……惟凭耳听心防。”

“耳听左右背后，恐有不虞侵凌，人有以后来者，必先有声音，可闻其声音。有声自与无声不同，故心平气静，耳自聪灵。”

4. 鼻、口

“呼吸顺其自然。”

“调息绵绵。”

“心息相依。”

“打拳以鼻为中界。”

“口唇轻闭，舌尖轻抵上颚。”

5. 项

“项竖直不可硬。”

“项要端正竖起，如中流砥柱，不前不后，不左不右，不至倒塌方得。”

“项要灵活，灵活则左右转动自易。”

6. 手

“以心运手，顺势转圈。”

“手上领之时，腰与裆一齐俱下，上体周转自觉活动，下体亦不死煞。”

“手上领转圈，手指之画圈与胳膊之缠劲，是一股劲，不可视为两段。”

“手虚虚笼住。”“劲运到指肚头。”

“眼看中指甲，中指与鼻准相照。”

“中指以鼻准为的，用缠丝劲自肩缠到手，中气行到中指头方为运足。中指劲到，余指劲也到。柔住劲，不可稍留硬气。”

“以手运行止物，必得刚气行乎其中。”

“手如红炉出铁，人不敢摸。”

7. 拳

“去时撒手，着人成拳。”

“拳力如风又如雷。”

“一击如雷之霹雳一声，不及掩耳。”

“捶由后向前击如山上之雷，迅不及防，其进比鸟飞还迅。”

“近身屈肘用努力，去远何能不展肱？”

“用周身全力用拿劲打，不露粗率，方合法度。……劲由后脚根越腿肚，顺脊上行串至肩臂，转过由胳膊背面运至手背，故拿住劲打有力。然虽劲由脚根起，其用本在心；心机一动，中气即由丹田发出至手，周身全力皆聚于此。至于击人则视人之远近，远则展开胳膊可以及人，近则胳膊不能展开，故用屈肘合捶打，极有含蓄，外面全不露形迹，被击者即跌倒，方为上乘。盖远击易，近击难，故得多下功夫才能如是。”

“内劲由丹田下过裆后，再由长强逆行到百会，降下至肩，前进运至捶，周身精神俱聚于捶，方有力。左右足踏地稳重如山在地上，莫能摇撼，方为有力。”

“在拳纯是浩气流转于周身，势不可遏。”

8. 腹

“腰劲箭下，尻骨微泛起，小腹自然合住劲。”

“胸腹宽宏广大，向前合住，中气贯住，上下全神，实有睟面盎背气象。久用其功，到是境地，自然知其神情；即至其境，亦但可以意会，不可以言传也。”

“调息绵绵，操固内守，注意玄关，功久则顷刻间水中火发，雪里花开，两肾如汤热，膀胱似火烧，真气自足。”

9. 腰

“腰为上下体枢纽转关处，不可软，亦不可硬，折其中方得。”

“腰是上下体之关键，腰以上气往上行，腰以下气往下行，似上下两夺之势，其实一气贯通，并行不悖。”

“腰劲贵下去，贵坚实。”

“腰劲磁下不可软。”

“腰劲下去，腰是上下交关处，不下则上体气浮，足不稳。”

“腰劲要下去，下去要劲，两膝撑开，裆合住，要圆要虚，自然下体又虚又灵又稳当，摇撼不动。”

“腰一扭转，则上体自然扭转，与下体相照，是腰为上下体之枢纽。”

“腰中要虚，一虚则上下皆灵。”

“腰劲下不去，不能气归丹田；气不归到丹田，则中极、会阴失于轻浮，因而胸中横气填塞饱满，即背后陶道、身柱、灵台左右，横气亦皆填塞充足，而前后胥滞涩矣。盖不向前合失之一仰，向前合则裆劲轻浮，足底不稳，上体亦不空灵。”

“诀窍以两腰之中，两肾之间命门，为上下体之管键枢纽。”

10. 脊、背

“脊骨是左右身之关键。”

“内外转徐徐（缠皆内向外），中气贯脊中。”

“若问此中真消息，须寻脊背骨节中。”

“背用中气贯住。”

"背折舒开，顶劲、裆劲足。"

11. 裆与臀

"肾囊两旁谓之裆，贵圆贵虚，不可夹住。"

"裆要圆，圆则稳。"

"两大腿根要开裆，开不在大小，即一丝之微亦算得开，盖心意一开，裆即开矣。不会开裆者，腿虽岔三尺宽，不开仍然不开。是在学者细心参之。"

"裆固不得不开，然会阴要虚，小肚要实。"

"裆撑圆，虚虚合住。……（停势时左右足）缠丝劲法，从足趾自内而外上行斜缠至腿根，以及会阴，……合不到会阴，则无裆劲，且不能撑圆，此缠丝劲之不可离也。"

"下腰劲，尻微翻起，裆劲自然合住。"

"裆尤要虚，虚则回转皆灵。"

"浊气下降，合住裆劲。"

"下盘稳当，上盘亦灵动。"

"后臀翻起，前裆合住，后臀自然翻起。"

"尻骨、环跳蹶起来，里边腿根撑开，裆自开；两膝合住，裆自然圆。"

"中间裆开圆，要虚，不可岔如人字形。"

"髀骨不泛起，则前面裆合不住劲。"

"两尻骨臀肉向上泛起来，不泛起则前面裆合不住，软肋下为腰，腰劲箭不下，则膝与足无力。尻骨、环跳、里边骨向里合，不合则两大腿失之散。"

"顶劲领过则上悬，领不起则倒塌，此不会下腰劲、裆劲，以致身不自主。"

“裆劲、腰劲既皆下好，而屁股泛不起来，不惟前裆合不住，即上体亦皆扣合不住；上下扣合不住劲，则足底无力，而外物皆能摧倒我。”

12. 足

“千变万化由我运，下体两足定根基。”

“演手捶势：左右足踏地稳重如山在地上，莫能摇撼，方为有力。”

“足稳则身不可摇。”

“前后左右用劲匀停，自然立得稳。”

“足之虚实因乎手，手虚足亦虚，手实足亦实。”

“实足脚底前后皆要用力平实踏住地，涌泉穴要虚。”

“上虽凭手，下尤凭足，足快尤显手快之能。”

“肾藏志，以足从志，亦顺着转圈。”

“足随手运，圆转如神。”

“足大趾待手气走足后，乃与手一齐合住，此时方可踏实。”

“以引进搏击之术，行于手足之中。”

“至于手足运动，不外一圈，绝无直来直去。”

“胸膈横气卸到脚底。”

“劲虽由脚根起，其用本在心。”

“一点灵气从心起，上入青天下入地，此气行于手足中，不刚不柔自雍容。”

“云手：二足更迭转，机不停留，左足横开一步，右足随之虽亦横开一步，然右足将至左足边，复自上转回五、六寸方才落地，如此方见运行无直步。每左足开步，右足随之皆如是。……如右手顺转一圈，前半圈中气由腋里边向外斜缠到指，后半圈自外回来，劲自外斜缠到腋下，左手亦然。至于足，如右足前半圈由腿根内向外缠到指，回来自外向里缠至腿根，左足亦然。”

“足踏出：如前有深渊，说回即收回，至虚至灵。”

“足运行极其缠绵不直，又能随手运行，不失螺丝缠劲。”

“足蹬愈重，则身起愈高。”

“不蹬则已，蹬之必令敌跌倒。”

“至于足，左来则左摆，右来则右摆；踢以御前，蹬以御后，举足如迅雷不及掩耳。凡敌之侵我下体者，足之为功居多；足之为用大矣哉！”

“将踢之时，视其可踢则踢之，不可踢则不踢，不可妄用其踢也。即有隙可乘，踢贵神速，不贵迟缓；贵踢关紧穴俞，不贵踢宽髀厚肉不着痛痒处。此要诀也，踢者须知。”

“脚踢拳打下乘拳，妙手何处不混然。”

“四肢百骸主于动，而实运之以步，步者乃一身之根基，运动之枢纽也。……捶以论势，而握要者步也；活与不活在于步，灵与不灵亦在于步，步之为用大矣哉。”

13. 骨节

“骨节松开。”

“肌肤骨节，处处开张。”

“周身一齐合住劲，且周身骨节各处与各处自相呼应而合，如手与足是也。”

“说合则周身一齐扣合住方住，至于周身骨节，如左右肘，左右肩，上下各处名目相合者，各自一切照样合住。”

“手与足，肘与膝，肩与胯，上下、左右、前后，运转停势时亦各呼应对齐，开则俱开，合则俱合。”

“骨节要对，不对则无力。”

“骨节齐鸣。”

五、撝手拳论

1. 撝手论集录

“沾连粘随，会神聚精，运我虚灵，弥加整重。……细腻熨贴，中权后劲。”

“不即不离，不沾不脱，接骨逗榫，细心揣摩。”

“乾刚坤柔，阴阳并用；不偏不倚，无过不及。”

“不先不后，迎送相当，前后左右，上下四旁，转接灵敏，缓急相将。”

“神以知来，智以藏往。”

“两手转来似螺纹，一上一下甚平均，全凭太极真消息，四两拨动八千斤。”

“中气贯足，切忌先进，浅尝带引，静以待动。”

“阖辟动静，柔之与刚；屈伸往来，进退存亡。一开一合，有变有常；虚实兼到，忽见忽藏。健顺参半，引进精详；或收或放，忽弛忽张。”

“内以诚心商榷，外以柔顺之气引人之进，是以刚气伏于柔中也。”

“我之交敌，纯以团和气引之使进。”

“不可使硬气，亦不可太软，折其中而已。”

“又半引半进，带引带进，即引即进，以引为进，阴阳一齐并用，此所谓：道并行而不悖。非阴阳合德，不能心机一动手即到，快莫快于此。”“其半引半进之法，肘以上引之使进，手以下劲往前进，胳膊背面为阳，里面为阴，则是阳引阴进之法，非互为其根不能。”

“手用引劲引开敌人之手，须用缠丝劲引之，令其立脚不稳。”

“伸中寓屈何人晓，屈内寓伸识者希。”

“徐徐引进人莫晓，渐渐停留意自深，右实左虚藏戛击，上提下打寓纵擒。”

“先引后进人谁识，太极循环一圈圆。”

“引进落空最为先。”

“敌以手来，我以手引，即引即打，非既引之后而后击之，于此足证阴阳互为其根之实。”

“引进之劲说不完，一阴一阳手内看，欲抑先扬真实理，击人不在着先鞭。”

“两人手交，我守我疆，不卑不亢，九折羊肠；不可稍让，如让他人，人立我跌；急与争锋，能上莫下，多占一分，我据形胜。”

“来宜听真，去贵神速。”

“至疾至迅，缠绕回旋。”

“力贵迅发，机贵神速，一迟即失败，一迅疾即得势。”

“进如疾风吹人，电光猛闪，愈速愈好。”

“发手要快，不快则迟误；打手要狠，不狠则不济。”

“势如手推山岳，欲令倾倒，……顶劲领好，腰劲下好，裆劲撑圆，足底用力踏地，膀力用到掌上，周身力气俱注于左右手掌上，推时力贵神速，纵不能推倒，亦可令其后退数步。”

“人来感我，不肯轻放过我；我之感人，岂肯轻放过人？势必至用全身力和欲推倒山岳之势以推。”

“此身有力须合并，更须留心脊背间。”

“炼就金刚太极尊，浑身合下力千斤。”

“然非徒以气大为之，而实以中正元气运转催迫，令其不得不倒退，且以引进击搏之术，行于手足之中，又使不能前近吾身。”

“心手眼足一气，敌被我擒预定。”

“柔中寓刚，人所难防。”

“虚笼诈诱，只为一转。”

“陡然一转人不晓。”

“转引转击，………一片神行。”

“欲刚先柔，欲扬先抑，太和元气，浑然中伏。”

“中气运于心，一发莫比毒；何况进如风，疾迅谁能敌？形骸与人同，用法只我独。不是别有方，只为中气足。”

“但凭得周身空灵，一缕中气随势扬。”

“拳者，权也。所以权物而知其轻重者也。然其理实根乎太极，而其用不遗乎两拳，且人之一身，浑身上下都是太极，即浑身上下都是拳，不得以一拳目拳也。”

“眼力手法兼身法，粘着何处何处动。”

“精神团聚周身健，旋乾转坤手内存。”

“功久则灵，其灵无比，依著即知，自然有应，不即不离，沾连粘随；如蝇落胶，有翅难飞，此中之妙，微乎其微。”

“若是功夫纯熟，由其大无外之圈，造到其小无内之境，不遇敌则已，如遇劲敌，则内劲猝发，如迅雷烈风之摧枯拉朽，孰能当之！”

“即擒即纵缠丝劲，须于此内会天机。”

“问：要拳缠丝劲作何用？盖硬与人直接者则人易躲闪，易离去，惟以柔接之，则人易其柔软而心不惧，心不惧故不躲闪，惟以其柔软缠丝法接之，未粘住人身则已，如粘住人身，则人不能躲闪；躲则以手跟之，如漆胶粘硬物，物自不能躲闪，离则以缠法缠绕其肱，如蜘蛛以丝缠蝇，又如已上之螺丝，欲硬拔去不得。故未粘住人之肱则已，如既粘住，则吾以缠丝法捻住其肉，当缠而绕之、沾之、连之、粘之、随之，令其进不得进，进则前入坑坎；退不得退，退则恐我击搏，故不敢硬离去。此缠丝劲之在拳中最为紧要妙诀也。”

“至成时，敌人怎来怎应，不待思想，自然有法。……但依着何处，即以何处（此是本地风光，最难最难）引而击之，时措咸宜，莫名其妙，真不思而得，不勉而中也。

然而未成者不能也。

问：要到何时算成？曰：此中层级，终身阅不尽。但以目前粗疏者言之，大成则九年，小成则七年，至于精妙，亦终身不尽之学。”

“先合者以合打之，后开者以开打之，手足无在非转圈之时，即无在非打人之地，……吾岂有心打人哉！吾自打吾拳，亦行所无事而已矣。拳至此，艺过半矣。”

“拳术家创立缠丝劲法，默行乾坤不息之螺旋线，循环无端，神妙万物，其至命矣夫，技艺云乎哉！”

2. 擖手十六目

（1）较（较，是较量高低）

（2）接（接，是两人手相接也）

（3）沾（沾，是手与手相沾，如“沾衣欲湿杏花雨”之沾）

（4）粘（粘，如胶漆之粘，是人既沾我手，不能离去）

（5）因（因，是因人之来）

（6）依（依，是我靠住人身）

（7）连（连，是手与手相接连）

（8）随（随，是随人之势以为进退）

（9）引（引，是诱之使来，牵引使近于我）

（10）进（进，是令人前进，不使逃去）

（11）落（落，如落成之落，簷水下滴于地；又如叶落于地）

（12）空（空，宜读去声，人来欲击我身，而落空虚之地）

（13）得（得，是我得机、得势）

（14）打（打，是机势可打，乘机打之）

（15）疾（疾，是速而又速，稍涉延迟，即不能打，机贵神速）

（16）断（断，是决断，一涉犹疑，便失机会，过此不能打矣）

3. 擖手三十六病

（1）抽（抽，是进不得势，知己将败，欲抽回身）

（2）拔（拔，是拔去，拔回逃走）

（3）遮（遮，是以手遮人）

（4）架（架，是以胳膊架起人之手）

（5）搕打（搕打，如以物搕物而打之）

（6）猛撞（猛撞者，突然撞去，冒然而来，恃勇力向前硬撞，不出于自然，而欲冒然取胜）

（7）躲闪（躲闪者，以身躲过人手，欲以闪赚跌人也）

（8）侵凌（侵凌者，欲入人之界里而凌压之也）

（9）掣（如以刀斫物）

（10）搂（搂者，以手搂人之身）

（11）揞（揞者，将手揞下去）

（12）搓（搓者，如两手相搓之搓，以手肘搓敌人也）

（13）欺压（欺是哄人，压是以我手强压住人之手）

（14）挂（挂，是以手掌挂人，或以弯足挂人）

（15）离（离，是去人之身，恐人击我）

（16）闪赚（闪赚者，是诓愚人而打之）

（17）拨（拨，是以我手硬拨人）

（18）推（推，是以手推过一旁）

（19）艰涩（艰涩，是手不熟成）

（20）生硬（生硬者，仗气打人，带生以求胜）

（21）排（排，是排过一边）

（22）挡（挡，是不能引，以手硬挡）

（23）挺（挺者，硬也）

（24）霸（霸者，以力后霸也，如霸者以力服人）

（25）腾（腾，如以右手接人，而复以左手架住人之手，腾开右手，以击敌人）

（26）拿（拿，如背人之节以拿人）

（27）直（直，是太直率，无绵缠曲折之意）

（28）实（实，是质朴太老实，则被人欺）

（29）勾（勾，是以脚勾取）

（30）挑（挑者，从下往上挑之）

（31）掤（掤，以硬气架起人之手，非以中气接人之手）

（32）抵（抵，是硬以力气抵抗人）

（33）滚（滚，恐己被伤，滚过一旁，又如圆物滚走）

（34）跟头棍子（跟头棍是我捺小头，彼以大头打我）

（35）偷打（偷打者，不明以打人，于人不防处偷打之）

（36）心摊（心摊者，艺不能打人，心如贪物探取，打人必定失败）

以上三十六病，或有全犯之者，或有犯其四、五，或有犯其一、二者，有犯干处皆非成手。手到成时，无论何病，一切不犯，益以太和元气，本无乖戾故也。然则擖手将如之何？亦曰："人以手来，我以手引之使进，令其不得势击，是之谓走；走者，引之别名。何以既名引，又名走？引者，诱之使进；走者，人来我去，不与顶势，是之谓走。然走之中，自带引进之劲（功纯者引之使进，不敢不进，进则我顺人背而擒纵在我），此是拳中妙诀，非功久不能。

附注：擖手十六目和擖手三十六病，为陈鑫《陈氏太极拳图说》原稿文字，唐豪于1932年1月约同陈子明去陈家沟调查太极拳历史时，抽出此两篇刊入陈子明《陈氏世传太极拳术》一书中。兹参考《陈氏太极拳汇宗》所载，加以校补。（顾留馨）

4. 擖手歌二首

掤搌挤捺须认真，引进落空任人侵，周身相随敌难近，四两化动八千斤。

上打咽喉下打阴，中间两胁并当心，下部两臁并两膝，脑后一掌要真魂。

注：前一首为陈氏旧传歌诀，见于陈氏两仪堂本拳谱者为："挤掤搂捺须认真，上下相随人难进，任他巨力人来打，牵动四两拨千斤。"陈子明据别本抄出者，题为《挤手歌诀》，有六句："掤摅挤捺须认真，周身相随人难进，任人巨力来攻击，牵动四两拨千觔。引进落空合即出，沾连粘随就屈伸。"陈氏三本所载，与李亦畬手抄本午阳县盐店王宗岳所修订者又有异同。徐震《太极拳考信录》云："盖在陈沟，初只十口相传，久而稍异，及各据所闻，笔之于书，遂不能悉合也。"此亦为推定之词，四句有异文，并衍为六句，亦可推定为后人修订文字之证。

第二首为拚死活之打法，仅见于陈鑫书中，可能系陈鑫缀录旧说，附于旧传四句之后。

六、陈鑫等拳论短文选

1. 咏太极拳（五言俚语）

太极理循环，相传不计年，此中有精义，动静皆无愆。收来名为引，放出箭离弦（此二句上句言引进落空，下句言乘机击打），虎豹深山踞，蛟龙飞潭渊（上句言静，下句言动），开合原无定（活泼泼地），屈伸势相连（却有一定）。太极分阴阳，神龙变无方，天地为父母，摩荡柔与刚，生生原不已，奇正不寻常。乾坤如橐籥，太极一大囊，盈虚消息故，皆在此中藏。至终复自始，一气运弛张，有形归无迹，物我两相忘（与道合一）。太极拳中路，功夫最为先，循序无躐等，人尽自合天。空谈皆涨墨，实运是真铨。鸢飞上戾天，鱼跃下入渊，上下皆真趣，主宰贵精研。若问其中意，道理妙而玄，往来如昼夜，日月耀光圆。会得真妙诀，此即太极拳，凡事皆如此，不但在时间。返真归朴后，就是活神仙，随在皆得我，太璞自神全（仍归太极）。

2. 太极拳缠丝法诗

七言古　三首

动则生阳静生阴，一动一静互为根，果然识得环中趣，辗转随意见天真。

阴阳无始又无终，来往屈伸寓化工，此中消息真参透，圆转随意运鸿濛。

一阵清来一阵迷，连环阖辟赖斯提，理经三昧方才亮，灵境一片是玻璃。

五言古

理境原无尽，端由结蚁诚，三年不窥圆，壹志并神凝。自当从良师，又宜访高朋。处处循规矩，一线启灵明，一层深一层，层层意无穷；一开连一合，开合递相承。有时引入胜，工欲罢不能。时习加黾勉，日上自蒸蒸；一旦无障碍，恍然悟太空。

3. 太极拳发蒙缠丝劲论　　　　　　　　陈　鑫

太极拳，缠法也。缠法如螺丝形运于肌肤之上，平时运动恒用此劲，故与人交手，自然此劲行乎肌肤之上，而不自知，非久于其道不能也。其法有：进缠，退缠；左缠，右缠；上缠，下缠；里缠，外缠；顺缠，逆缠；大缠，小缠。而要莫非以中气行乎其间，即引即进，皆阴阳互为其根之理也。或以为软手；手软何能接物应事？若但以迹象视之，似乎不失于硬，故以为软手。其周身规矩：顶劲上领，裆劲下去（要撑圆，要合住）；两肩松下，两肘沉下，两手合住，胸向前合；目勿旁视，以手在前者为的；顶不可倒塌，胸中沉心静气；两膝合住劲，腰劲下去；两足常用勾劲，须前后合住劲。外面之形，秀若处女，不可带张狂气，一片幽闲之神，尽是大雅风规。至于手中，其权衡皆本于心，物来顺应，自然合进退、缓急、轻重之宜。此太极之阴阳相停，无少偏倚，而为开合之妙用也。其为道岂浅鲜哉！

4. 太极拳推原解 陈 鑫

拳者，权也；所以权物而知其轻重者也。然其理实根乎太极，而其用不遗乎两拳。且人之一身，浑身上下都是太极，即浑身上下都是拳，不得以一拳目拳也。

其枢纽在一心，心主乎敬，又主乎静；能敬而静，自葆虚灵；天君有宰，百骸听命。动则生阳，静则生阴，一动一静，互为其根。清气上升，浊气下降，百会、中极，一体管键。

初学用功，先求伏应，来脉转关，一气相生；手眼为活，不可妄动。其为气也，至大至刚，直养无害，充塞天地；配义与道，端由集义，浑灏流行，自然一气。

轻如杨花，坚如金石；虎威比猛，鹰扬比疾。行同乎水流，止侔乎山立。进为人所不及知，退亦人所莫名速。

理精法密，条理缕析。放之则弥六合，卷之则退藏于密。其大无外，其小无内。中和元气，随意所之；意之所向，全神贯注。变化犹龙，人莫能测，运用在心，此是真诀。

不偏不倚，无过不及，内以修身，外以制敌。临时制宜，只因素裕。不即不离，不沾不脱，接骨逗榫，细心揣摩，真积力久，升堂入室。

5. 太极拳体用

太极拳体

太极拳之道，开合二字尽之；一阴一阳之谓拳，其妙处全在互为其根。

太极拳用

拳之运动，惟柔与刚；彼以刚来，我以柔往；彼以柔来，全在称量（以我手称住人之手，如秤称物；以我之心度人之心，量其上下迟速，或半路变换机势）。刚中寓柔，与人不侔；柔中寓刚，人所难防。运用在心，不矜不张；中有所主，无任猖狂；随机应变，终不惊慌。

6. 太极拳总论和拳经

一、总论

纯阴无阳是软手，纯阳无阴是硬手。一阴九阳跟头棍，二阴八阳是散手，三阴七阳犹觉硬，四阴六阳显好手，惟有五阴并五阳，阴阳无偏称妙手。妙手一着一太极，空空迹化归乌有。

二、拳经

太极阴阳，有柔有刚；刚中寓柔，柔中寓刚；刚柔相济，运化无方。

7. 陈复元太极拳论 陈子明

先严讳复元，字旭初，初学于耕云公，功成后复从仲甡公习新架，故发手能柔如绵，坚如刚，往来口外数十年，未遇敌手。子明少小传侧，习闻拳理，兹就记忆所及者笔述一二，以成本篇，固陋如余，未能道其万一也。

开合与阴阳

动为阳，静为阴，一动一静，即为开合，阴变阳为开，阳变阴为合，此就太极拳之全体而言也。以运化而言，左手领左半身向左方运化者，开为太阳，合为太阴。右手随之而开者为少阳，合为少阴；右方亦然。刚柔即包于其中，故太极生两仪，两仪生四象。两仪者，阴阳也，亦即开合也。四象者，太阳、太阴、少阳、少阴是也。阴阳开合，互相化生，得其极致则浑元一气，循环无端，变动莫测。是以不明阴阳开合者，即不明刚柔动静之互相为用，偏刚偏柔，不能相济，则去太极拳之根本远矣。又吾师品三先生谓："练拳之道，开合二字尽之，一阴一阳之谓拳，其妙处在互为其根而已。"又作七言诗二首，其一云："动则生阳静生阴，一动一静互为根，果能识得环中趣，辗转随意见天真。"其二云："阴阳无始亦无终，往来屈伸寓化工，此中消息真参透，太极只在一环中。"

运化转关

运化为转关之先机，关即人之周身穴节，故转关亦曰转节。凡初学之人，多尚拙力而无灵劲，故以运化去其滞气，使转关达于虚灵，盖虚则有以聚，灵则有以应；虚者集，灵者感；集者静，感者动；起落旋转，开合变化，不能离乎运化转关。所谓运化转关者，即由柔筋活节而至接骨逗榫，苟不知此，即不足与言动静之虚灵者也。

虚实

太极拳动静瞬息之间，无不有虚实，故其练法中之前进、后退、左旋、右转，以举足为虚，落足为实，向左则左实，向右则右实，前进则后虚，后退则前虚，倘虚实不分，必犯抽脚拔腿之弊，精而求之，则一处自有一处虚实，练时如是，对待敌人时亦复如是，彼虚则我实，彼实则我虚，虚则实之，实则虚之。临敌乘机，切无拘泥定法 斯为得其要谛。

变化

变化者，有一手之变化，有一著之变化，有一势之变化，然无论一手、一著、一势，其变而能化，皆由简单渐至于详密。以开合为一手之变化，以转关为一着之变化，此即上传下接之义。惟身法、步法，旋转紧凑，方向之变，皆属一势之变化也。由开展至于紧凑，切莫逾乎范围，乱其循序，自能积手为著，著合为势，势联成套。始练似觉有界，久练功夫娴熟，自能豁然贯通，运转自如，千变万化，随心所欲矣。

步骤

先哲有言："物有本末，事有终始，知所先后，则近道矣"。如无深浅之别，先后之序，即是失却根本，无论教者本领若何高强，学者定不能艺超于众。故练太极拳术之步骤有三层功夫：第一步，学时宜慢，慢不宜痴呆；第二步，习而后快，快不可错乱；第三步，快后复缓，是为柔，柔久刚自在其中，是为刚柔相济。教者必由是而教，学者亦必由是而学，则庶乎无差忒矣。

练太极拳术者，固愈慢愈柔者为佳，不宜用力带气，又必须知至何时可以换劲，及慢至何时可以速柔，至何时可以刚。此于教授之责攸关，宜从事解释其发端而至于究竟，继则实施于法，俾易知用途之次序，为入门之阶梯。如能预定进度，因人施发，使学者精神焕发，兴趣环生，自必易得门径，进步迅速。

腰裆之开合

练太极拳者对于腰裆两部之要点不可不知，一开一合，一动一静，腰裆各有专注，且贵互用，故宜分析明白。

腰之要点曰：拧腰、活腰、塌腰。

裆之要点曰：松裆、合裆、扣裆。

拧腰时裆须扣，不扣则散；活腰时裆须松，不松则滞；塌腰时裆须合，不合则浮。

凡塌腰活裆者为蓄劲，活腰松裆者为柔劲。惟出劲时须扣裆拧腰。

兹以各势各著说明之：如拳式中之掩手捶、披身捶、青龙出水、肘底看拳、闪通背、青龙戏水、二起式、踢一脚、蹬一跟、小擒拿、抱头推山、前招、后招、野马分鬃、玉女穿梭、摆脚跌岔、十字脚、指裆捶、真龙搅水、摆脚、当头炮等，均属扣裆拧腰。金刚捣碓、懒扎衣、单鞭、白鹤亮翅、搂膝拗步及收式、合式等，均属松裆活腰。

凡姿势成时裆宜合，腰宜塌；其义主静，即本著已停，下著未作，虚灵劲预蓄其中，动则必变必发，故其功效无量。其时间及所趋方向不可预定，遇左则左应，遇右则右应，上下、前后、刚柔、缓急、轻重，悉如之。

太极拳之圈

闻诸先严，太极功夫以没圈为登峰造极，非一蹴可几，必须循序渐进，由大圈收至小圈，小圈收至没圈，复以内劲为其统驭，连贯变化，运用神妙，技至于斯，形式上无从捉摸之矣。

8. **太极拳之要点** 陈子明

余缀父师之言，成太极拳要义三篇，又恐初学者不能得其要领，不嫌繁复，谨举其要点，以为初步研究者参考。

1. 性质：太极拳之性质，吾师品三虽言“刚中寓柔，柔中寓刚，刚柔相济，运化无方”，此言成手时之功夫也。初学宜以自然柔活为主，柔宜松，活宜领，柔而不松，活而不领，即不自然，安能致坚刚于将来哉。

2. 方法：太极拳之方法，其最主要者为：“虚实开合，起落旋转”八字，初学宜辨别清楚。

3. 程序：习太极拳之程序，须先慢后快，快后复缓，先柔后刚，然后刚柔始能相济。

4. 姿势：动作停止时之架式曰姿势，太极拳姿势之要点，不外乎手领眼随，身端步稳，肩平身合，尤须注意顶裆两部之劲，无使有失，否则必致上重下轻，周身歪斜，站立不稳之病百出矣。

5. 动作：太极拳之动静作势，纯任自然，运化灵活，循环无端，要知其虚实开合，起落旋转，俱从圆形中来。凡初步入门，以大圈为法，始则柔筋活节，进则接骨斗榫。学者诚明乎此，身作心维，朝斯夕斯，精而求之，进步自速。

6. 呼吸：呼吸调气，足以发达肺部，若于早晨呼吸后练习拳术，或在练拳时有相当之呼吸，随其动静出纳以调气，则筋肉与肺部必同时发育，自无肺弱之患。

7. 精神：太极拳之精神以虚灵为极致，初习者固不能达此境界，然能守所举要点，锲而不舍，久久自能水到渠成。

8. 周身相随：四肢百骸协同动作，此之谓周身相随，故太极拳一动无有不动，一静无有不静。

9. 变著转势：太极拳之变著与转势，原属两解。（一）前著已停，下著未作，其中间之动作成一势名曰变著，如懒扎衣下练之右合式，又如搂膝拗步下练之右收式，野马分鬃、玉女穿梭前之两个左收式，均为变著。（二）此著一停要作下著中间之一动作名曰转势，如单鞭以下之左转，又如掩手捶以下之右转等动作，均属转势，均须辨别明白。

10. 身作心维：语曰“口诵心维”，读书且如此，况习武乎？故身而作，心而维，实习最易使人进步之一法。太极拳之身作心维，至要者曰：身宜作其圆活，心宜维其虚灵。

11. 无贪无妄：习太极拳最忌贪多，尤戒妄动，凡运用与姿势均须求其正确，庶练成后不致犯病，而精进自易，若贪若妄者，成就终鲜，此弊初学什九难免，切宜注意。

（以上两篇摘自陈子明著《陈氏世传太极拳术》，1932 年上海版）

（顾留馨选编整理）